图解服务的细节

017

お客を選ぶ店ほどお客に選ばれる

敢挑选顾客的店铺才能赚钱

〔日〕小山雅明
童蕾

译著

人民东方出版传媒
People's Oriental Publishing & Media

东方出版社
The Oriental Press

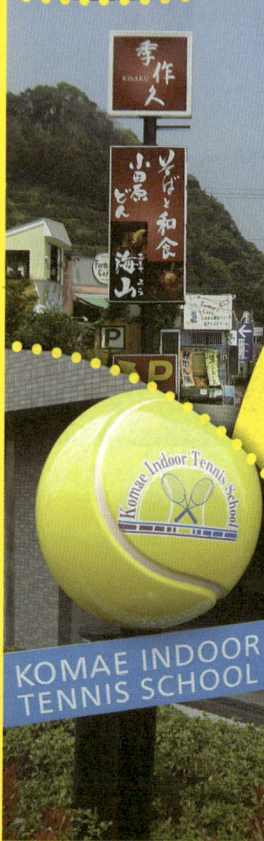

敢挑选顾客的店铺才能赚钱

6个因招牌而顾客盈门的店铺

我们一起来看看大幅度提高了店铺集客力的实例吧!

山茶堇:本书主人公,作为一名专业招牌设计人正在不懈努力。

落伍的照相馆大变身　回忆的照片"纯"（照相馆）

招牌改造前

过去的照相馆门前摆放着和店铺经营不相干的自动售货机，致使入口处光线暗淡，整体给行人一种陈旧的感觉。而且，由于招牌不引人注目，行人不走到近前甚至不会注意到照相馆的存在。另外，招牌是富士胶卷厂家提供的，守旧落伍，对于集客有负面影响。

整个照相馆变身成了一个"玩具箱"。行人能够看到写有店名的篷布，从而注意到照相馆的存在（提高发现几率）。并且，注意到招牌的人一定会驻足进入照相馆（提高魅力几率）。另外，行人从外面也能看到店里的样子，从而减少了进店的顾虑（提高诱导进店几率）。现在这家照相馆已经成为了当地的一大标志。

招牌改造后

◀改造后的照相馆正面

参照第一章

2

鲜艳的基础色调提升新鲜度 丸好汽车（二手车店）

招牌改造前

招牌的新鲜度十分重要。颜色陈旧的招牌给行人一种陈旧、没有生机的感觉。而行人对于招牌的印象直接影响到对店铺的印象。即使店铺服务再周到、店内环境再好，一个颜色陈旧的招牌是无法传达给行人这些长处的。

招牌改造后

首先改变了招牌的底色。由于之前的淡蓝底色整体看起来比较暗淡，因此将其改为黄、红、深蓝色的搭配，提高了整体的鲜艳感。同时，"特选车"字样从招牌底部的红色线条中突显出来，给人一种跃动感（提高发现几率和魅力几率）。招牌决定店铺的整体感觉，外观占整体感觉的10%。招牌改造后，此店铺的集客数达到了上一年的120%。

暖色系凸显亲和力

科 潘(咖啡店)

招牌改造前

从店铺正面看像是全国连锁的咖啡店，完全感觉不到这家店的独有氛围。入口处摆放的物品过多，给人一种杂乱无章的印象，这些都会让行人进店时犹豫不决，导致进店率不高。

改变篷布颜色，使店铺的氛围大变身。暖色系使人感觉柔和、安静、亲切。而且由于没有被周围的其他景观埋没，行人从远处就能看到招牌（**提高发现几率、魅力几率**）。招牌改变后，集客数增加到了**上一年的120%**，由此可见改造招牌的重要性。

招牌改造后

立式招牌 ▶

立式招牌容易引起行人的注意。自然映入行人眼帘的招牌能够向行人传达店铺的魅力。这个立式招牌使用了灯箱，突出了商品照片。而且科潘原创甜点"神乐坂泡芙"的照片向行人传达了这家咖啡店的特色（**提高魅力几率**）。

参照第二章

4

传达行业种类、诱发进店动机 波波奈尔〔牛排店〕

招牌改造前

使用外文字母的招牌让人看了不知道是什么店铺。行人不会因为店名而进店。进店后他们才开始对店铺感兴趣，从而成为店铺的顾客。另外白色底色的招牌让人觉得陈旧、廉价，有必要改造。

招牌改造后

使用一目了然的店名，"牛肉饼＆牛排 波波奈尔"。整体木制的招牌给人一种手工制作的质感（**提高魅力几率**）。招牌上让人垂涎欲滴的料理照片刺激行人的感官，吸引他们进入店铺（**提高诱导进店几率**）。另外招牌上整体给人一种舒适稳重的感觉。改造招牌后，集客数成功达到了**上一年的 125%**。

用照片和箭头吸引行人的地下餐馆 田町老牛肉饼
（牛肉饼店）

店铺位于小餐饮店集中的街道，狭窄的街道两侧挤满了竞争对手的料理店。在这种地理位置，招牌很容易被周围的景观遮挡。设计集客招牌时不仅要针对店铺，还要从科学的视角针对店铺周围的环境进行调查和验证，构建有逻辑性的集客计划，即从科学的假设开始。

经过反复的测量验证，把外挂式招牌和旗子悬挂在最容易映入行人眼帘的角度（**提高发现几率**）。因为店名本身就应该告诉行人"这是一家什么店"，只有使行人注意到招牌才能向行人宣传餐馆的魅力（**提高魅力几率**）。另外，由于餐馆位于地下，入口处就不能缺少诱导进店的标识。在立式招牌上打出餐馆内的照片以及楼梯式的箭头，吸引行人进入店内（**提高诱导进店几率**）。招牌改造后，光临餐馆的**顾客排起了长队**。

立式招牌结构

▼晚餐用

▼午餐用

向上的这一面可以自由更换板面和照片，适合打出一些限时优惠的菜单和促销活动的通知。

立式招牌上打出了餐馆内的照片和楼梯式的箭头诱导标识。因为地下店铺与楼上店铺及路面店铺相比，行人在进店时感到不安的几率要高。为了打消行人的这种不安，在招牌上打出店铺内部的照片是很有必要和效果的。同时，使用清楚的楼梯式箭头可以诱导行人进店（提高诱导进店几率）。

参照第三章

7

不同形状提升注目值

庄 屋（拉面店）

招牌改造前

车道旁的招牌必须考虑汽车的行驶速度。假设汽车的行驶速度是每小时40公里的话，最好是让司机在距离招牌80米的时候能够看到招牌。而80米的距离需要大约7秒钟。因此7秒前告诉司机店铺的所在，更容易诱导客人进店。

招牌改造后

当车道旁设置很多招牌时，同样形状、同样感觉的招牌在司机看来仅仅是路边风景。为了避免这种情况，改变店铺招牌的形状是一个方法。这家拉面店在招牌的右上方制作了一个拉面碗的形状，由此提高了引人注目的几率（提高发现几率），即"形状认知"。由于"形状认知"的效果，这家店在改造招牌后营业额大大提高，达到上一年的250%。反过来说，这也证明了旧招牌不被注意的事实。

使用不同颜色脱颖而出

黑潮海味市场
新宿东口３号店
（海鲜酒馆）

面向繁华大街的店铺交通量和客流量都很好，所以，此处各式各样的店铺都有，导致建筑物和招牌林立。这家酒馆就埋没于周围的景观当中，招牌不为行人所注意。其很大原因在于招牌的颜色。因为招牌的颜色和周围的建筑物、招牌为同一色系，因此完全不醒目。

招牌改造前

招牌改造后

设计了不被周围景观所埋没，即和周围颜色不同的招牌，由此在很大程度上提升了店铺的注目度。而且，招牌还合理使用了看起来像是凸出来的"前进色"和像是凹进去的"后退色"。由于将之前的"后退色"改为了"前进色"，提高了招牌的可视性。集客数提高到了上一年的118%。

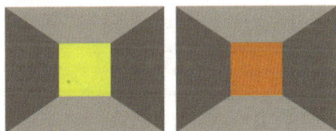

前进色：看起来仿佛凸出来的颜色

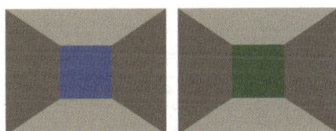

后退色：看起来仿佛凹进去的颜色

参照第三章

以书法和插图集中行人视线

季节料理河豚 三木
（河豚、活鱼料理店）

招牌改造前

乍一看完全感觉不到店铺仍在经营的陈旧招牌。而且颜色是后退色，被吞没于周围的景观当中，给人一种腐朽的印象。招牌上只有店名，行人看了也不知道是什么店，从而不会进店。

招牌改造后

将招牌整体的颜色改为前进色，仅凭此就改变了店铺给人的印象。不光把店名，还把店铺的经营内容也表示了出来。"甲鱼、河豚、活鱼店"这种表示让人对店铺的经营内容一目了然。另外，用插图和 "钓鱼迷店主"这种表达方式使行人了解店主，并向行人宣传店铺经营的特点（ 提高魅力几率 ）。招牌改造后，集客数达到了上一年的 126%。

参照第三章

彰显个体经营的特色

三丁目竹签烤肉
（竹签烤肉酒馆）

招牌改造前

酒馆位于新宿三丁目餐饮业竞争区一栋大楼的二层。招牌如照片所示，白底黑字，被周围景观所埋没，并且被上方一家连锁店的招牌抢了风头，毫不起眼。

招牌改造后

招牌整体改为前进色，打出"竹签烤鱼、烤鸡"的字样，让行人一眼就能知道是什么店铺。另外，为了强调个体经营，字体使用手写体，并且打出"所有菜品均价290日元"的字样，彰显出经营特色。这句话里包含了店主的理念，即"以味道取胜，节省买单时间"。通过这样的招牌，行人能够想象出店主的样子、了解店主的想法，从而很自然地引起共鸣（**提高发现几率、魅力几率**）。招牌改造后，集客数达到了**上一年的150%**。

参照第三章

迎合不同顾客层，倡导健康　　　金太郎（烤鸡肉店）

招牌改造前

黑白相衬的设计、时髦的店名能够让行人感觉到店铺的气质。但是，这样的设计与店铺的实际经营内容及顾客层不相符，让客人产生了距离感，结果便是顾客减少。

招牌改造后

改造后招牌的亮点在于"炭火烤鸡"这一经营内容的体现，及采用了与店名相符的人物形象。另外，文字采用了手写体，给人个体经营的印象。而且，招牌的颜色也容易被行人注意，并且造型简单大方，不被周围景观抢风头（提高发现几率、魅力几率）。改造招牌后，营业额是上一年的110.6%。

参照第四章

溜达中…………

哎，这是酒吧的招牌？

是一块引人注目的招牌

东京都衫并区阿佐谷有一条老牌餐饮店林立的街道。那里是"中央线文化"的发祥地，狭窄的街道上小餐饮店一家挨着一家。其中有一家汤姆酒吧，显示了与当地文化接轨的店铺理念。来到这条街的客人大多数是被阿佐谷的文化所吸引来的。这家酒吧以"感性的自由空间"为经营理念，在招牌上花了不少心思。如照片所示，招牌挂在小巷正面的墙壁上，远看画的是一只猫。但是走近一看，这幅猫竟然是酒吧名字的字母拼写，由此给行人一种惊喜。这一巧妙的设计吸引了不少来阿佐谷品味文化的人们。自从设置此招牌之后，每天的顾客络绎不绝。而从酒吧出来时，楼梯上也有独特的设计，画有一只猫在恭送客人。凡是看了楼梯上这幅画的客人，无不感受到酒吧的顽皮氛围，这就使得回头客增多。

 参照第四章

把经营理念直接表现于招牌　山口电器（电器商店）

招牌改造前

典型的街道电器商店。但是这家商店非典型的地方在于它以"服务无极限"为准则，售后服务相当彻底周到。当然，其他电器商店也有其各自大大小小的服务项目，但这家店将售后服务作为商品，其售后服务是有价值的。店铺以"山口随叫随到"这一引人注意的话语保证其售后服务的质量。

招牌改造后

　　"山口随叫随到"是这家电器商店的经营理念。"即使是一个灯泡，只要客户打个电话就马上送来；购买的电子产品不明白使用方法，也只需一个电话就马上上门指导……"但旧招牌一直未把这一理念传达给行人。所以将这句"山口随叫随到"直接作为招牌打出来会吸引行人的眼球。现在这家店一年的**营业额超过了13亿日元**。

参照序章

BOOK OFF 完全从顾客的角度出发实行名牌战略。即，确立自己的店铺文化。店铺文化在店主的想法、店员的想法、顾客的想法、行人的想法达到一种协调的状态时才能确立。反过来，如果店主对于店铺的看法没有以明确的形式传达给店员、顾客、行人的话，店铺文化就无从谈起。因此，首先是培训，无论是正式员工也好，兼职员工或小时工也好，这家公司建立了面向全体员工的教育体系。这样，店主的想法即"企业理念或经营理念"就会为所有的员工共有。在一线奋斗的员工的意识决定着店铺的质量。再好的理念，如果在全体员工中没有共有的话，也无法传达给顾客和行人。BOOK OFF 的店铺文化就是从这里开始构建的。

参照第四章

首推特色商品的照片让人垂涎欲滴

北方大草原
（拉面店）

招牌改造前

招牌改造前，店铺给人一种古老的感觉。招牌的颜色和字体让人觉得是家连锁店，不会诱发积极进店的动机。个体经营独有的特色和优势没有体现在招牌上，因此很难向行人传达。

招牌改造后

招牌上打出了首推特色"醇香酱汤拉面"。店门前的壁毯式招牌上的巨型拉面照片刺激着行人的感官，让人垂涎欲滴。招牌的颜色和设计仿照木纹花样，意为"北海道大草原上的小木屋"。这种招牌的表现方法，只有个体经营的店铺才能够做到（提高发现几率、魅力几率、诱导进店几率）。改造后，集客数达到了上一年的120%。

16

活用壁挂式招牌

改造前

北海道的地图上写着"纯正的北海道味道"。内容简单，仅靠这些无法让行人知道是家拉面店。作为向行人宣传的手段，效果不佳。

改造后

首推特色拉面的照片让人垂涎欲滴，效果很好。这种店铺门前的壁挂式招牌很容易吸引行人的注意。另外，灵活运用这种招牌，在照片上配上文字，更能向行人传达店铺的魅力（**提高魅力几率**）。

参照第五章

店内装饰及料理照片诱发进店动机

招牌改造前

行人在店门口会最终判断是否进店。如果店门口没有提供店铺信息和经营内容的话，行人是绝不会进来的。这家餐馆，门前简单朴素，餐馆内提供什么样的料理、店内什么氛围，行人不得而知。

招牌改造后

餐馆门前打出了店内照片和料理的照片。这样即使从外面看不到里面的样子，也可以向行人传达店铺的魅力。另外，灯箱式的招牌使门前变得明亮，可以打消行人的不安。门前打出的餐馆内和料理照片可以诱导客人进店（提高诱导进店几率）。招牌改造后，集客数达到上一年的 115%。

料理的照片是强有力的诱因

青山加诺加
（意大利餐厅）

店门外摆放着写有菜单的黑板，时髦的餐厅很多都会这样。这对老顾客是有效果的，但对于从未光临过的新顾客却起不到什么作用。从这一点来说，未能很好地表达店铺魅力，反而对于店铺的集客有负面影响。

招牌改造后

▼自主设计的新立式招牌

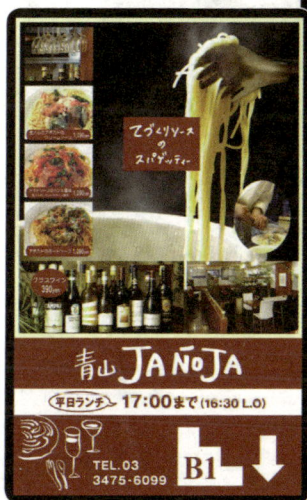

在店门前打出推荐菜单和店铺特有的优惠通知非常重要。因为行人对于店铺一无所知。将这些重要信息打出来，会让行人瞬间就能了解店铺信息，由此一来会在很大程度上改善集客数（**提高诱导进店几率**）。招牌改造后，集客数达到**上一年的123%**。

有需求的人才能看得见的招牌

辻村牙科
（牙科医院）

招牌改造前

设计企划

辻村牙科对于招牌改造的要求是希望"一般的牙病患者"、"普通的行人"不容易注意到，但"对在辻村预防牙病感兴趣的人"、"在辻村预约的患者"容易注意到的招牌。于是，我们为其打造了具有高贵感的招牌。这样的招牌，给人一种"这里不是一般的牙科诊所"的印象，只有给真正对其诊疗感兴趣的人才会注意到（**提高魅力几率**）。

招牌改造后

参照第六章

用高贵的招牌挑选顾客

福冈牙科
（牙科医院）

招牌改造前

这家牙科医院与辻村牙科医院一样，以医疗保险范围以外的诊疗为主。如照片所示，改造前，它使用整体深绿色的悬挂式招牌，从道路上看很显眼。在色彩心理学中，绿色是使人安心、让人感觉亲切的颜色。如果是医疗保险适用的牙科医院，这样的招牌很合适。但是，这家医院不同，这里是以医疗保险范围以外的诊疗为主。因此，应将其招牌打造出高贵感。

招牌改造后

在建筑物外墙壁上刻上文字，将悬挂式招牌改为椭圆形，也使用刻字。这样一来，和辻村牙科医院一样，只有真正想来的患者才会注意到（提高魅力几率）。另外，重新粉刷楼的外壁，改变了医院本身给人的印象。

目 录
contents

前　言

一家小电器商店由于挑选顾客，
年营业额达到 13 亿日元之多。

这是一家电器商店的故事。

这是一家看起来没有任何特别之处的电器商店。

大概是 15 年前吧，因为起居室的录像机坏了，我便去了附近一家刚开的大型电器量贩店，准备物色一部新的录像机。

来到店里，我径直去了录像机卖场。

卖场里陈列着各种款式的录像机。

当然，货架上的每款机子都附有店里制作的商品说明。但对于完全是门外汉的我来说，还是一点儿也看不明白。

我无可奈何地环视周围。

我看到的只是汹涌的人潮。

我在卖场里转了又转，说明书是越看越不明白，更不知道买哪一款好。

最后，我还是放弃了，转身离开了量贩店。

回家后，我突然想起街上有一家电器商店，于是就打了电话。

十几分钟后，商店的营业员来到家中，给我介绍了最新款的录像机。

听了营业员近一个小时的说明，我决定买他介绍给我的这款录像机。那位营业员告诉我说，如果购买他们的产品，他们会免费上门安装。但是这家店的价格要比量贩店贵很多。

几天后。

电器店的营业员把录像机送了过来。

他帮我安装连接好，还教给我使用方法。

在他出门的时候，他对我说，"以后有什么不明白的地方，请随时与我们联系。任何问题，我们随叫随到。"

我对他表示了感谢，送他出了门。

这家店的名字是"山口电器"（以下简称为山口）。

它坐落在东京町田市，是一家看上去很普通的电器商店。

这家店在郊外，离车站很远。从町田站还要坐 20 分钟左右的公交车，如果直接去的话很不方便。交通这么不方便，也许你会认为店里的生意肯定不好。但是完全相反，这家店连续14年增益增收，现已成为年营业额超过13亿日元的优良店铺。而且在这家店方圆5公里内，已经有6家电器量贩店在与其激烈竞争。

大家可以想一想。

一般来说，周围有大型店铺开业时，人流就会集中到那儿。这样就使得当地的一些个体小店受到影响，客人大量减少，最终导致这些小店关门停业。但是尽管周围有6家在全国范围内扩展的大型量贩店，山口却并没有关门停业，反而是持续增收。而且周围的量贩店大都是以低价格来吸引顾客，山口却从未降低商品价格，总是定价销售。

这真是不可思议。

解开这个谜团的关键点，就在营业员为顾客上门服务后临走时所说的话。

"以后有什么不明白的地方，请随时与我们联系。任何问题，我们随叫随到。"

这句话并不仅仅是职业客套话。

我就真实地体验到了。

当时买的那部录像机，因为是最新性能的型号，所以我不是很明白操作方法。为此我给店里打了电话。其实我也想着操作方法只要看看说明书或许就明白了，但是对于营业员所说的那句话又想探个真假，于是我抱着试一试的态度拨通了店里的电话。

半个小时后。

山口的营业员微笑着站在了我家门口。

真的是"随叫随到"。

随后，营业员给我进行了耐心详细的解说。

虽说这部录像机是以比量贩店高很多的价格买的，但对于其所给与的服务，我认为还是物有所值的。

在那之后，我又联系过两次店里的营业员，他们每次都是"随叫随到"。

山口的经营手法其实很简单。

绝对不降价。

但是他们的售后服务周到细心，这才是找到了顾客的真正需要。

山口的理念是"服务无极限"。

这条理念在公司正式员工、临时工等所有员工中贯彻得十分彻底。

由此山口的毛利率达到了 38.9%。

通常，地方电器店的毛利率为 25%，大型量贩店为 20%，即薄利多销。

但是山口这样的店铺为了对抗大型量贩店即使采取薄利多销的办法也根本不可能取胜。这是因为店铺的基本力量（资本力、品牌力、战略）是不同的。因此，山口采取了与薄利多销不同的经营方式。

前面也提到过，山口的周围有 6 家大型电器量贩店在与之竞争。刚开始的时候客人都流向量贩店，山口的顾客眼看着一天天在减少。

在经过一系列的尝试和探讨后，山口决定不降价，但与之对应地提供物有所值的售后服务，这成为了店铺的理念。这一理念通过"随叫随到"这句话传达给了顾客。

但是我也并不认为所有的人都会因为这一理念而成为山口的顾客。特别是年轻人，他们几乎无一例外地倾向于价格实惠的量贩店。

之前山口也曾经做过努力，无论男女老少，都尽可能地使其成为自己店里的顾客。

但周围的环境发生了变化。为了生存，山口改变了经营理念，即绝不降价，而且将售后服务贯彻到底。因此顾客的年龄层段提高了。于是山口放弃了年龄层较低的年轻顾客。

也就是说山口把顾客目标集中在希望得到较高质量服务的年龄层的顾客身上。

这一策略取得了成功。

山口通过挑选顾客成就了自己的商业准则，即将"无微不至、彻底周到的服务"这一商品送达顾客手中。

这是一种思维方式的转换。

大多数店铺，如果竞争对手开始降价促销，那自己也会不甘示弱地开始降价促销。

但价格战的后果是店铺相继倒闭。

正如零和博弈的结局，总是一方胜出，无数方失败。

为了和资金雄厚的大型电器量贩店竞争，必须转换思维方式和价值观，山口做到了这一点。它赋予售后服务相应的价值，将其与商品一起销售给顾客。

换一个说法，即便是一个很普通的电灯泡，山口也会跟顾客约定"以后有什么不明白的地方，请随时与我们联系。任何问题，我们随叫随到。"这已经成为了山口电器的品牌语。

从此，山口形成了一种良性循环。在当地提升了自己的知名度，不同年龄层的客人开始不断增加。

这里其实蕴含着一个意味深长的真理。

店铺的经营者为了让店铺兴旺，终日致力于集客。

店里如果没有客人的话，自然就不会有收益，这是大家都明白的道理。所以无论是什么样的经营者都在为集客绞尽脑汁。

于是大多数店铺就会陷入一个陷阱，会认为必须把所有层次的人都吸引到自己的店里来。当然，无论男女老少，各个年龄层的人都能成为自己店里的顾客，这是一种最理想的状态。

但是一家所有人都是其顾客的店铺，也是一家谁也不是其顾客的店铺。

山口成功的原因只有一个。

即采取了挑选顾客这一品牌策略。

挑选顾客这一举措使得店铺的理念和经营方针变得更加明确。

也就是说，店铺"应有自己的目标顾客群"，并仅以这样的人群为对象进行销售。

换句话说，就是构建店铺文化。其意义在于挑选顾客的品牌策略。

本书就是讲述有关山口电器实际采取的策略，即"成功地挑选顾客"这一品牌策略的故事。

为了集客，店铺就必须要将行人变为自己的顾客。

这一方法的主心骨就是挑选顾客的品牌策略，而集客招牌就是实际把这一策略传达给行人的中介。

通过挑选顾客明确自己的店铺理念，并使用集客招牌这一中介把店铺理念广泛地传达给行人，从而将店铺打造成真正的旺铺。本书就是讲述打造这种旺铺的故事。

本书采取了浅显易懂的讲述故事的形式。

并且书中所介绍的 6 个事例都是实际存在的店铺和医院。

这 6 家店铺都一度因为各种原因导致销售情况欠佳，但经过采取挑选客人的品牌策略和改造集客招牌后，现在都成为了人气店铺、人气医院。

书中所记述的事情经过也都是以事实为基础的。列出的数据也都是真实数据。各个店铺经营者的经历也都是真实的。

另外为改善招牌所进行的交涉、招牌的改造企划以及改造后所产生的结果等也都是真实的。

为了让故事生动顺利地展开，我虚构了主人公山茶堇。

山茶堇是我所经营的公司中若干名女员工的集合体。

也就是说本书的内容是真实的，但是是一本建立在虚构主人公、虚拟活动上的经营方面的书。

希望更多的读者能够喜欢这本书。

爱和广告总经理
小山雅明

序章
所谓旺铺?

"你所负责的那些店铺，真正的旺铺并不多呀！"

小山雅明的话让山茶堇迷惑不解。

自己负责的那些店铺，在集客方面都做得很成功。作为集客招牌的设计员，应该是没有什么不足。改造了招牌之后，每家店铺的顾客都有所增加。这很明显归功于自己为店铺设计的集客招牌。

"我在招牌设置后3个月，考察了这些店铺。无论哪家店铺，顾客数都至少增加了20%。"

山茶堇作为招牌设计员，为各行业的店铺设计集客招牌，根据店铺的实际情况为其提供最完美的集客招牌。所说的"招牌集客顾问"业务，就是她这样的招牌设计员的工作。

招牌设计员再往上就是招牌设计师。山茶堇作设计员已经三年了，却一直没能晋升为招牌设计师。

招牌设计员工作的一个环节，就是要定期评估自己制作和设置的招牌的效果。也就是说，招牌设置后要定期地进行实地考察。

考察后，要拿出具体的数据。

尤其是顾客数量的增减，这最能体现出设计员所做的企划的好坏，并且是一目了然的。设计员能够自己亲自确认自己设计的集客招牌的效果好坏。

"一年后的考察结果呢?"

"有顾客减少的店铺。"

"三年后呢?"

"坦白地说,我所负责的店铺有些还没来得及考察,总体的数据现在可能还拿不出来。"

"把你作设计员这三年所负责的所有店铺招牌改造后的情况在一周内完成调查。给我把具体的数据拿来后,我再跟你接着说!"

说完后,小山雅明向站在办公桌对面的山茶堇点了一下头,示意她可以从办公室出去了。

一周后。

山茶堇垂头站在小山的办公桌前,桌子上放着一些数据资料。

"作为设计员你三年前所负责的38家店铺,三年后与上一年度相比顾客增加的有7家。相反,顾客减少的却有18家。已经关店的9家。还剩下4家拒绝采访。"

山茶堇满脸通红,惭愧地点了点头。

小山雅明拿出了另外一份数据。

"这是你的前辈招牌设计师所负责店铺的数据。和你一样,我也让他汇总了三年前进行改造的案件,好好看一下吧!"

山茶堇看了这份递到自己眼前的数据资料。

"负责店铺52家。其中，三年后的现在，顾客增加的41家。减少的7家。关店的2家。无变化的2家。"

小山瞥了一眼山茶堇。

"怎么样？和你提供的数据差距很大吧？"

"如您所说，确实是和我所负责店铺的数据完全不同。"

"你作为一名设计员是很努力的，但距离设计师还有很明显的差距。"

"是，明白。"

"现在明白我所说的你的店铺中缺少旺铺的意思了吗？"

山茶堇点了点头。

"你认为成为旺铺的条件是什么？"

"很多的顾客光临店铺。"

"是啊。没有顾客光临的话，是谈不上旺铺的。可是，有很多顾客光临的店铺就是旺铺吗？举个极端的例子。600日元一碗的拉面，特别优惠卖10日元一碗的，得知此消息的顾客肯定会排着长队来到店里。一碗拉面10日元，顾客可能会大量集中到店铺来，但经营方面会入不敷出。无视成本，只是一味地招揽顾客这一想法，也会让店铺失去自己的存在价值，不是吗？"

"总经理的意思我明白了。"

"我们所做的是利用集客招牌帮助店铺兴旺，而不是单纯地帮店铺招揽顾客。只重视一时效果的话，招揽顾客的方法有很多。"

"是的。"

"当我问你旺铺是什么样的店铺时，你立刻就回答说是为店铺招揽顾客。"

"我一直都是这么认为的。"

"我说过，只是招揽大量的顾客到店铺，并不能说店铺就是真正的旺铺。"

"那么真正的旺铺是什么呢?"

"是什么呢? 我告诉你答案很容易。但这样你就不会知道旺铺的本质意义，就像你所想的旺铺那样就是招揽客人。人经常会只知道这一词语，就以为明白了所有的事情。"

"那我应该怎么做呢?"

小山雅明考虑了片刻说道。

"说说集客招牌的基本原理。"

山茶堇答道。

"提高行人发现招牌的几率，提高使行人感受到所发现店铺魅力的几率，提高诱导店门前的行人进店的几率。即根据3阶段几率论，将行人变为店铺的顾客的招牌就叫做集客招牌。"

"嗯，我们的使命就是用集客招牌帮助日本全国的店铺成为旺铺。旺铺增加了，相应的地区就会繁荣起来。地区繁荣了，自然国家也会繁荣昌盛起来。

也就是说，我们所做的工作是在为社会做贡献。我想说的就是，至少，我们必须以这样的抱负来做工作。

招牌，说来只不过是广告媒体的一种。但是，使招牌成为集客招牌，就会产生出超越广告媒体的价值来。"

"总经理您所说的招牌并不是一般的招牌，而是一种集客装置，是吧。"

"我所说的意思就是利用招牌集客，把我们的客户——各业种的店铺打造成为真正的旺铺。所以我们必须时刻考虑真正的旺铺是什么这个问题。"

"以我的理解，增加店铺的顾客数量，就会使店铺成为旺铺的。"

"你的想法没有错。但是，就你所负责的店铺的情况来看，也并不完全正确，明白吗？"

山茶堇百思不得其解。

"在为客户做企划时，我首先考虑的就是用招牌吸引顾客。从结果来看，招牌改造后，店铺的顾客都有所增加。这一点，从数据上也能看出来。"

"确实，从短期来看是有效的。"

"我冒昧地问一句，这有什么不好的吗？"

"真的就凭这一点你所负责的店铺就成了旺铺了吗？"

"至少，短期内应该可以这么说。当然，如数据所显示的，我与设计师所负责的案件还有一些差距。但是我认为这是店铺本身经营方式的差别。"

小山雅明微微一笑。

"原来如此，你认为，你和设计师之间的差距在于店铺的经营力量的差别，是吗？"

山茶堇满脸通红。

"你还记得我常跟你说的话吗？"

"是关于什么的呢？"

"人为了什么工作？为什么要工作？

只是完成上级交给的任务，那和机器人没什么不同。输入程序后，就自动完成被命令的工作，就是这个意思。

但是，我们是人类。

作为人类，难道没有必要时常想想自己为什么、为了什么而工作吗？"

"当然，总经理的话，我一直铭记在心。"

"人类必须在工作中找到意义和价值。如若不然的话，人类就会掉进无底洞里。为了自己不断地成长，我们必须经常在心里问问自己，我为什么、为了什么而工作，不是吗？"

"是的。"

"打造旺铺这件事情也是一样的。为什么、为了什么要让店铺兴旺？全然不顾这一点，只是单纯地，用集客招牌的道理，告诉客户我们会把行人变成您店里的顾客，这不是别的，这是一种傲慢。这样简单的想法，我认为是不能够打造出真正的旺铺的。"

"也就是说要考虑店铺的价值，是吗？"

"店铺的价值、店铺的理念、店铺的作用等，要好好地搞清楚。在此基础上帮助店铺集客，这才是我们的工作。

你已经明白了基本原理，也能够在实际当中为客户提出建议。"

小山雅明从办公桌一侧取出了一个文件夹。

"这里有 6 家店铺。"

打开了文件夹。

文件夹里装有 6 家店铺各自的数据，各家店主所提出的要求，集客招牌制作委托书等。

"你来负责这 6 家店铺的案例。"

"好的。"

"各家店铺有各家店铺的情况。根据每家店铺的实际情况，给我做出真正能让客户满意的招牌。

只是，不能像你以前所做的那样，只追求短期效果。拿出真正的集客招牌的企划来！

而且，还要给你留作业。"

"作业？"

"作业之一：真正的旺铺是什么？要使店铺兴旺需要做些什么？把答案给我找出来！"

"找出打造旺铺的秘密，是这个意思吧！"

小山雅明点了点头。

"作业之二：打造旺铺的谜底揭开后，怎样用招牌将其表现出来？换句话说，怎样用招牌把店铺的本质向行人传达出去？给我好好考虑！"

"更好地学习集客招牌的本质，对吧！"

"这也自己好好想想！"

山茶堇更加迷惑了。

"明白。我会尽全力去做。"

"给你6个月的时间。半年内找出作业的答案，向我报告。当你找到这两个作业的正确答案的时候，我就晋升你为设计师。但是，相反的话，别说设计师了，设计员你也别想干了。听明白了吗？"

就这样，山茶堇开始了寻找答案的旅程。

第 1 章
落后于时代的照相馆
如何变身为人气店铺?

大阪府大阪市　照相馆"纯"

"哇，这个设计了不起呀！"

照相馆"纯"的店主藤井浩德看着眼前的招牌设计企划，瞪大了眼睛。

"哈哈哈，有意思！"

老板娘藤井充子在浩德的旁边兴奋地笑了。

"倒是很有意思……不过我们是照相馆。说到照相馆，一般都是绿色富士胶卷的招牌。"

"但是，就是因为这种招牌，顾客才越来越少，所以我们不是才决定换一个新的招牌嘛！"

浩德"嗯"了一声，又把目光转向了设计企划。

山茶堇带来的这个企划以黄色为底色，照相馆看上去就像一个玩具箱一样。

"以前和藤井先生沟通的时候，您说过照片是家庭的回忆，而照相馆是留下这些回忆的地方。这句话给我留下了深刻的印象。于是，我就想索性把您的照相馆打造成一个无论是大人还是小孩儿都能快乐享受的玩具王国。所以就有了这个招牌设计企划。"

山茶堇微笑着说。

"玩具王国的玩具箱？还是觉得不像一家照相馆。"

"您说过要丢掉以前店里的形象嘛。"

"嗯，这倒是……靠以往的旧招牌咱们的照相馆也无法经营下去，这个企划可以先试试。"

大阪市都岛区。

大阪市北端曾经工厂林立，是大阪市数得上的产业园区。但由于土地价格疯涨及面包圈现象(随着经济的发展，城市中心人口减少、郊外人口增加的趋势。这一趋势使得城市中心成为空洞，所以称之为面包圈现象。——译者注)，工厂转移到郊外，空出来的地方被再次开发，现在盖起了住宅楼，成了大规模的住宅区。

可能是因为过去是产业园区，所以这里的道路很宽敞，放眼望去，眼界也很开阔。

山茶堇现在居住的地方，人行道和车道都很狭窄，无论何时都是车水马龙，让人觉得心烦。可能是习惯了人与人擦肩而过时都需要错身的那种狭窄的人行道，走在这样的人行道上反倒觉得有点儿不自在。

习惯这个东西是可怕的。好不容易走在这样宽敞的人行道上，但还是摆脱不掉自己一直以来的习惯，山茶堇不知不觉就走到了道路的边儿上。

一阵微风袭来。

空气中弥漫着淡淡的青草芳香。

就要到绿叶发芽的季节了。

可能因为是工作日的下午，街上行人稀少。山茶堇一边确认着街区一边前行。

应该就是这附近了。

刚才她就一直四处寻找，但还是没找到目标店铺。

山茶堇要找的是一家照相馆。

在来之前她看过了这家照相馆的照片，从照片来看这是一家过去常有的照相馆。店外挂着富士胶卷的招牌，店前入口处放置着自动饮料售货机。山茶堇想起自己小时候，街上就有好几家这样的照相馆。

其实，最近街上倒是见不到几家照相馆了。因为现在是数码全盛的时代，就连装胶卷的相机都很少见。

"真不明白经营这样的照相馆有什么意义。"

山茶堇在被要求作这家店铺招牌企划的时候，曾这样想过。

当她把这一想法告诉小山雅明时，得到了这样的回答。

创造照片的新需求

"随着时代的变迁，经营方式当然也要有所变化。有的店铺在感觉到业界走向衰退的时候，会马上撤出来；有的店铺则完全读不懂时代的变迁，不知所措；但是也有的店铺在衰退业界中绞尽脑汁，想尽办法也要求得生存。虽然很少，但这是一群逆流而上的人们。我们的使命就是了解这些人坚持的理由，把他们的想法用招牌表现出来、使其具体化，尽力来帮助他们。如果你只看到时代的变迁，是不会理解这些店主们的心情的。你要首先去充分了解这家照相馆的主人是以什么样的心情来经营店铺的，然后才能开始工作！"

"如果不充分了解店铺经营方针的话，就无法做集客招牌。"山茶堇心里想。

为了了解经营方针，必须要找到这家照相馆。

照相馆应该是面向大街的，可为什么找不到呢？

是弄错了地址还是走错了方向，还是店铺已经没有了？

山茶堇心里直犯嘀咕。

绿色的招牌映入了眼帘。

富士胶卷的招牌！

终于找到了。

奇怪，这地方刚才就转了好几圈了，为什么没有找到呢？

"对不起，请问有人吗？"

山茶一边问一边走进了店里。

"乍一看，您这照相馆的地理位置不错。但是，从集客招牌角度来看的话，店面和招牌都不是很吸引人。即便地理位置很好，也不容易引起行人的注意。"

山茶堇快速说着对照相馆的整体印象。

接着，

"说实话，我刚才来的时候也没找着……"

她又小声说道。

坐在桌子对面的店主藤井浩德和妻子充子苦笑了一下。

"哎呀，还是让您迷路了。"

"店里的招牌太旧了。"浩德向妻子耸了耸肩。

山茶堇瞅了瞅夫妇俩。

"招牌，不只是店铺的门牌，也是向行人、开车路过的人传达店铺魅力的集客装置。"

藤井夫妇会意地点了点头。

"我们来考虑一下行人的心理。行人判断店铺好坏的根据只有外观。对于行人来说，即便店铺的服务一流，但从外观看不出来的话，也毫无意义。

这个外观，就是店铺所在的位置、店外悬挂的招牌等。

但是，由于大多数经营者都认为招牌只不过是个门面，所以并不在乎。

如果行人只是看了一眼招牌，就对店铺感兴趣，或者是记住了店铺，再或者是想进店看一看的话，招牌就有了超越门面的意义了。可以说，招牌起着一年 365 天，一天 24 小时认真工作的营业员的作用。"

"哦！"藤井发出惊叹声。

"招牌是营业员？这个想法有意思。我们还是第一次听说。"

"是的。所谓的集客招牌，就是要让招牌成为营业员，成为向行人永不停歇地宣传店铺的营业员。这才是招牌的真正作用。"

"有意思！"

"为此，必须要科学地看待店铺的招牌。因此，我们的工作是考虑行人的心理，将其感性科学化，制作出具有逻辑性的集客计划，并一边不断地假设和验证，一边为我们的客户提供将行人变为顾客的集客招牌企划。"

"我虽然不是很明白，但能看出来您考虑得很周到。"

"是的，招牌不单单是门面，而是要将其变为营业员。因此，不设计出好的招牌是不行的。好的招牌中不可获缺的是招牌设计，而招牌设计中非主观的、客观的验证非常重要。"

藤井夫妇发出了"哦，哦"的感叹声。

山茶堇提高嗓音继续说道。

"我们一直用科学的态度来看待店铺的招牌。将行人的心理和感性科学化，从而设计出符合店铺要求的、合乎逻辑的集客招牌。在我们帮店铺设计出更合理的招牌后，有很多客户反映集客数量发生了很大的变化。"

充子露出了笑容。

"那您看我们的招牌应该怎样成为宣传店铺的营业员呢?"

"嗯。"

山茶董点了点头。

"集客招牌的基本思路,首先要从'3阶段几率论'来考虑。

'发现几率'、'魅力几率'、'诱导进店几率'这3个阶段。

所谓'发现几率',就是当行人路过店铺时,招牌是否会自然地映入其眼帘,即是否能够被行人注意到。

很遗憾,贵店现在的招牌,可以说完全没有引起行人的注意。当然,走到店跟前,回头看一下的话会注意到,但是一般的行人是不会特意停在店铺前确认的。店铺的招牌如果不是在行人的正前方很自然地映入眼帘的话,实际上是没有意义的。从这个意义上来说,"纯"现在的招牌几乎是'发现几率'为零的状态。"

"啊呀……"

浩德双手抱头。

"原来如此……"

充子边说边做笔记。

"接着是'魅力几率'。'魅力几率'是指行人看到招牌后能了解多少店铺信息，以及行人对于店内的服务及环境，或者说店铺的营业形态，能产生多少共鸣。也就是说，招牌设计是否让行人在看到招牌的瞬间就会产生想进入店里瞧瞧的想法。"

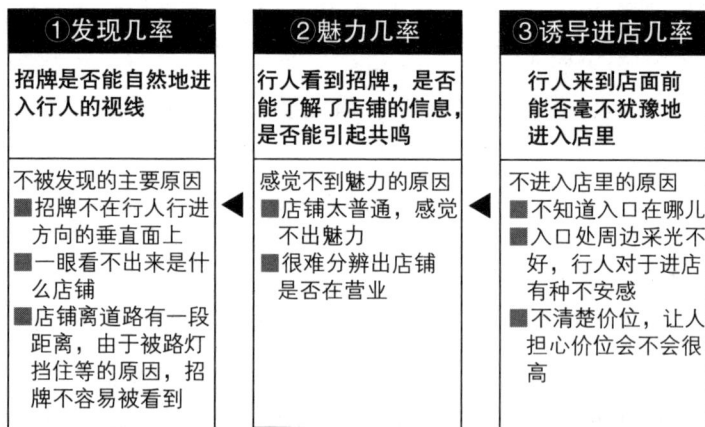

①发现几率	②魅力几率	③诱导进店几率
招牌是否能自然地进入行人的视线	**行人看到招牌，是否能了解了店铺的信息，是否能引起共鸣**	**行人来到店面前能否毫不犹豫地进入店里**
不被发现的主要原因 ■招牌不在行人行进方向的垂直面上 ■一眼看不出来是什么店铺 ■店铺离道路有一段距离，由于被路灯挡住等的原因，招牌不容易被看到	感觉不到魅力的原因 ■店铺太普通，感觉不出魅力 ■很难分辨出店铺是否在营业	不进入店里的原因 ■不知道入口在哪儿 ■入口处周边采光不好，行人对于进店有种不安感 ■不清楚价位，让人担心价位会不会很高

图 1-1　客人进店 3 阶段

"招牌设计?"

"是的。也就是招牌所承载的信息能否抓住行人的心理。'魅力几率'高的招牌，会不经意间诱导行人心理。这样的招牌，行人仅仅是看到了就想进入店里，但贵店的情况却……"

山茶堇轻轻地清了清嗓子。

"看到贵店的招牌，却完全感觉不到店铺的魅力。甚至于，现在的招牌让店铺失去了原有的魅力。"

"啊?"

通行量	10000人	10000人
通行质量	60%：6000人	60%：6000人
①发现几率	35%：2100人	50%：3000人
②魅力几率	30%：630人	40%：1200人
③诱导进店几率	25%：157人	30%：360人
新进店顾客数	157人	360人

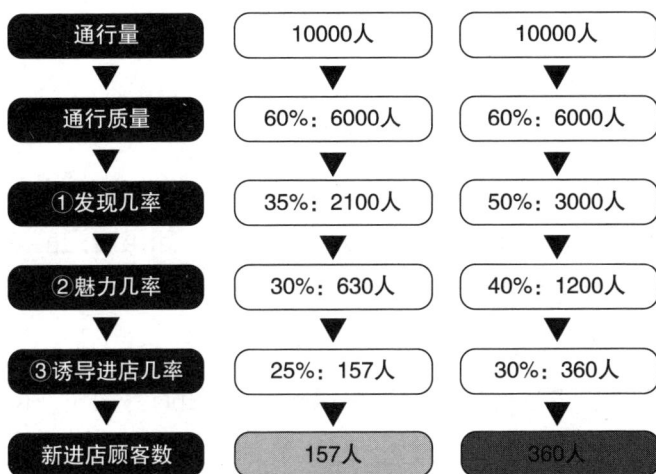

从上面可以看出，这3个几率各自稍稍提高一些，新进店的顾客数就会增加到原来的2倍。另外，"通行质量"是指目标顾客量占总通行量的比例。

图1-2　提高几率增加顾客

浩德非常吃惊。

"我们的招牌竟然这么糟糕……"

"是的，很遗憾。"

"真是没想到呀！"

"最后一个'诱导进店几率'是表示能否让来到店前的客人毫不犹豫地进入店里的几率。

实际上，虽然来到店前，看了店门前的环境和招牌，但却对于是否进店犹豫不决的客人比想象的要多。

以前，我在东京商业街的一家餐饮店门前定点观察过。

在我观察的30分钟内，来到餐饮店门前，看起来想要进店的有 30 人。但是，看了店铺的招牌和位置后，从店门前离开的有 27 人。"

"啊？只有 3 人进了店里？"

"是的。那 27 人屡次看了店门前的菜单、招牌以及入口环境，就转身离去了。真是很可惜呀。如果店门前的环境和招牌能够吸引行人的话，30 人中成为店铺新顾客的可能性应该是有的。"

"我们的招牌……不问山茶女士也知道答案了。山茶女士，我们的招牌就拜托你了。请把它变为吸引行人成为我们顾客的、能干的营业员吧！"

"这客户对我们的期望很高啊！"

爱和广告总经理办公室。

办公室在 2 楼，面向街道的那边是落地窗，一天中明媚的阳光都能照射到这里。

落地窗对面的一面墙是刚刚做好的书架。

小山站在书架前，拿出一本书哗哗地翻了翻，然后又合起来拿出另一本书。他看看书架，又看看手中拿着的书，对坐在身后的山茶堇说。

"你压力不小啊！"

小山抿嘴一笑。

"照相馆'纯'的招牌太陈旧了。发现、魅力、诱导进店这 3 个几率，几乎为零，所以我认为要改善这 3 阶段的几率的话，至少招牌应该比现有的要醒目。"

山茶堇完全没有理会小山的讽刺继续说。于是小山轻声说。

"也就是说，现在的招牌设计不变，只改善招牌的醒目度，是吗？"

"是的。当然，设计方面有必须改进的地方，我想在店门前放置立式招牌，正面装上聚光灯，应该就足够了。"

"嗯……"

小山转过身来。

"客户也认为这样做可以吗？"

"不是的。客户现在只是说想要知道具体的设计，且他们对我们公司的期望很高，希望能早日看到具体的设计。我想如果按照'3阶段几率论'进行设计，对方应该是能够满意的。"

"这样啊。"

小山点了点头。

"你的报告书我看了。今后的设计方案也听你说了。看来你认为这是最适合客户的集客招牌提议。"

"是的。我想按我刚才汇报的想法完成企划。"

"好吧。马上做一份企划书给我看看。"

"这是什么？"

小山雅明看着山茶放在桌上的企划书，问道。

总经理办公室，小山和山茶堇面对面地坐在会议桌前。

"照相馆'纯'的招牌改善企划案。"

"我知道。我想说的是企划内容。"

"我从行人的视角来分析怎样才能较容易地发现招牌，并以此为重点起草了这份企划案。"

小山摇了摇头。

"山茶，这个企划完全不行。"

山茶堇瞪大了眼睛。

"你当是闹着玩儿呢？这样的集客招牌我都不好意思给客户看。说难听点儿，一个门外汉都能想到这样的设计。不行，这根本不是个专业的企划案。你必须给我做一个专业招牌设计员应该做的企划！"

"我拜访了照相馆'纯'，在企划中也尽可能地将店主的愿望体现出来。请问总经理哪里不好呢？"

"你问我哪里不好？"

小山耸了耸肩。

"全部都不好。"

"全部？"

"你满足了客户的哪些愿望？"

"通过改造招牌增加照相馆的顾客。"

小山从椅子上站起来。

"那就给我做一个这样的企划出来！"

山茶堇坐在新干线上冥思苦想。

我做的企划哪里不好了？

"这儿有一家照相馆。"至少这一点按照我的企划改造后，行人应该是能够注意到的。

这样做"发现几率"没有什么问题；但说到"魅力几率"的话，照相馆在现在这个时代无论如何都落伍了，没什么好办法；还有"诱导进店几率"，如果在入口处精心设计，对照相馆感兴趣的人应该是能够进入到店里的。

剩下的，就是照相馆自己的经营问题了。

在企划案被小山否定之后，隔了几天山茶堇又拿出了一份新的企划案。可是这次又被小山的一句"不行"给判了死刑。

看着困惑的山茶堇，小山说道。

"再去客户的店里听听客户的心声。可能的话，去问问客户是以一种什么样的感情来经营店铺的。"

"这和招牌企划有什么关系呢？"

"听我说。"

小山竖起手指说道。

"没有人会无缘无故地经营店铺。无论是谁，在开店时都应该有其自己的人生故事。也就是说，经营者的人生故事会体现在店铺的经营之中。

接到客户的请求，只是单纯地实地考察、起草企划、设计招牌，我们不能这样机械地工作。

以集客招牌帮助各家店铺，使其兴旺起来，这才是我们所起的作用。

而要达到此目的，我们必须搞清楚店主对待店铺的感情。招牌，就是店铺理念的代言人啊。"

坐在新干线上的山茶堇心中想着。

客户的人生故事对于招牌的制作无任何意义。

单纯地了解客户的喜好不就行了吗？

根据客户的喜好，同时遵循集客招牌的制作原则，应该能够设计出吸引行人的招牌。

但是却被小山如此责备。算了，为了写报告，我就再去听听照相馆店主的故事。

山茶堇深深地吐了一口气，在座位上闭上了眼睛。

"哦，山茶女士想听听我们的故事，是吗？"

藤井浩德不知所措地看了看充子。

"想了解哪方面呢？"

"我想尽可能地了解藤井夫妇当年是以什么样的心情来经营照相馆的。"

充子说道。

"请问这与招牌有什么关系呢？"

山茶点点头。

"店铺并不是仅靠店面就能成立的，其中承载着店主的感情。店主以什么样的心情开始经营、对未来有什么样的蓝图规划……店铺应该是凝聚了这些人生故事的。"

"嗯，其实我们也并不是什么都没有考虑就开了这家照相馆。"

"请藤井先生一定给我讲讲您花费在这店铺里的心思。我想，如果能够用招牌做代言，把您的心情传达给行人的话，一定能做出好的招牌来。"

藤井也很有同感地直点头。

"虽然不知道怎样把我们的故事与招牌联系起来，但是对山茶女士的话我们也有同感，是不是？"

藤井问充子。

充子微微一笑。

"我们的故事虽说没什么意思，但如果对做出好的招牌有意义的话，那就讲给山茶女士听听吧。"

山茶堇低下了头，心中暗自说道："可别说的时间太长了。"

"我们并不是一开始就干照相馆这一行当的。当初我在一家较大的冲洗胶卷店上班，冲洗胶卷的方法不同，洗出的照片会完全不同，这很有意思，所以我就埋头于冲洗胶卷的工作中。"

藤井浩德说着，目光投向了远方。

"后来，开发出了自动冲洗机。"

"自动冲洗机？"

"在此之前，人们拍照之后都是去大的冲洗店洗照片。但有一些摄影爱好者或专业人士在自家弄一间黑屋子，自己一张一张地洗照片。自动冲洗机问世后，只要把胶卷放入机器，进行简单的设置，无论是谁都可以冲洗照片了。但是机器的成本较高，个人是买不起的。

但是，就是因为这个机器的发明，我才独立了门户。从那之后，我们就靠着这家照相馆一路走了过来。"

"哦……原来如此。"

山茶董听了藤井开店的经过，有点儿惊讶地看了看藤井夫妇。但由于自己对于照相馆一无所知，很难想象出具体的情景。

"过去这照相馆生意很不错。因为在店里冲洗照片很方便，所以这附近的家家户户都是我们的顾客。

但是现在，由于数码相机和电脑的普及，我们这样的老照相馆就没有需求了。"

藤井苦笑了一下。

"这就是所谓的衰退产业吗？过去的老照相馆都关门了。剩下的只是我们这种从骨子里喜欢照片、想用照片留住家人的历史瞬间、具有真正照相馆特质的店铺了。

照相馆被时代遗忘了。

这一点我们也很清楚。

可我认为照片不单单是一个记录的媒体。

它把拍照人的瞬间记忆烙在底片上，使其成为了永恒的东西。

这才是真正的照片。

即使是落后于时代，我们还是喜欢照片，喜欢那些用照片留下人生回忆的人们，所以我们要把这照相馆坚持下去。"

"嗯，是这样呀。藤井先生确实是很喜欢照片呢！"

"是的，他是打心底里喜欢。"

"那么，你准备为他们做什么样的设计呢？"

"老实说，无论什么样的设计，我都觉得照相馆'纯'的集客比较困难。"

"为什么？"

"这样说也许有些无礼。"

山茶堇面向坐在桌子对面的小山雅明含糊地说道。

"这种……衰退产业，已经跟不上时代的步伐了，这种照相馆的经营无论如何都是十分困难的。"

"衰退业种的店铺，不管怎样改造招牌都不能从根本上解决问题，你是这个意思吗？"

小山抿嘴一笑。

"是的。正如总经理所说，现在是数码时代，像'纯'这样的老照相馆，再怎么改造招牌也没用。我想不出什么集客的好办法，真的很抱歉。"

"藤井先生不是给你讲了他为什么一直坚持店铺的原

因了吗?"

"是的。"

"他怎么说的?"

"他说,照片是人生的记忆、家人的记忆。不管是胶卷也好、数码相机也好,只要有拍照用的机器,自己的照相馆就有充分的存在价值。因为自己必须要帮助那些想要把家人的记忆以有形的形式记录下来的人们。总经理您觉得呢?"

"你听了之后是怎么想的?"

"我觉得藤井先生是一个有信念的人。"

"但你还是觉得集客招牌很难设计,是吧?还是觉得在现在这个时代,落后于时代的行业是很难通过招牌来招揽顾客的,是吗?"

山茶菫默默地点了点头。

"说起来,"小山突然转了话题。

"我年轻的时候经营过一家租唱片的店铺。"

"唱片?不是 CD?"

"是的。那是 CD 问世之前的事情了。当时,就像现在的咖啡店一样,街上随处可见租借唱片的店铺。"

"噢,时代真是不同了呀。"

"后来唱片发展到了 CD 的时代,租借唱片的店铺都改名成了租借 CD 的店铺。"

"碟屋的前身……"

"这其中也发生了很大的波折呢。"

"波折？什么样的波折呢？"

"大的波折，是著作权的问题。在当时的著作权法中，租借权并未被明确注明。因此，唱片屋和碟屋可以名正言顺地向客人租借商品化的唱片和 CD。

"可是，久而久之，人们认为这样太不重视作曲家的独创性，所以修改了著作权法。"

"就是……租借权吗？后来被承认了吧？"

"是的。"

小山慢慢地转了转脖子，继续说道。

"著作权法规定，租借业者只能在店铺摆放经过版权者同意的唱片、CD。当然，经著作权者同意的话，业者就必须要支付版权费。

结果，业者将向版权人支付的版权费加在了租借费中，致使租借费用增高，这就逐渐地加速了客人的减少。

于是，随处可见的租借店铺一个接一个地停业关门。曾在电视广告中大肆宣传的有名连锁店也不知不觉地消失了。

正所谓租借店铺走向了衰退的道路。

在这一风潮中，有位年轻人想出了一种新的经营方式。

他曾经在碟屋打过工。

他给自己打工的碟屋的所有 CD 都配上了自制的说明册。"

"说明册……CD 的内页说明吗？"

"是的。这种内页说明在顾客中大获好评，终于那家碟屋的客人又都回来了。"

"这个年轻人以此打开了碟屋的局面吗？"

"没有。"

"啊，没有吗？"

"别的店铺也对他自制的内页说明很感兴趣，都争相订购。于是他想到向各地的碟屋批发销售，由此获得了成功。

以此为契机，他与音乐界有了接触，最后他开了自己的唱片公司。"

"啊，真是了不起呀！"

"这个唱片公司就是爱贝克斯，年轻人的名字叫松浦胜人，现在的爱贝克斯集团的总经理。"

"哦，听起来真是个出人意料的故事啊！"

"明白了吗？我想说的是，即使是落后于时代潮流的衰退产业也肯定有新的商机，能够发现这一商机的人就有可能走上成功之路。

在衰退产业中寻找新的商机，也就是'创造需求'。

创造这样的商机是有可能的，能够这样做的人才能生存下来，不是吗？"

小山看着山茶堇，继续说道。

"明白了吗？虽说是衰退产业的店铺，也并不是所有的店铺都要关门，总是会有生存的可能性。就像那个年轻人用自制的内页说明挖掘出了商机，最终使其转变成为一桩大生意一样。

你所负责的照相馆'纯'，也有这样的商机，只是你还没有发现而已。

你必须要找到这个商机，把它的本质用招牌向行人展现出来。

衰退产业没有什么希望了，这样的话不许再说了。

作为专业人士，这是一种门外汉的想法。"

小山雅明的这段关于爱贝克斯总经理经历的故事，给山茶堇点燃了希望之光。

她想起了前些天和藤井浩德夫妇进行的有关店铺的对话。

"照片是回忆。"

"我认为家人的照片就是这个家庭的历史。"

"给孩子拍照并整理收藏起来，我认为这是家长们的责任。"

"时代在变迁，只要照片这一媒体还存在，它的价值就是不会改变的。我们无论怎样艰苦也要把照相馆坚持下去……"

山茶堇恍然大悟。

是呀。我只是把眼光放在了招牌的表现效果上。店铺应该定位怎样的未来、想要做什么，这才是必须真正重视的问题。

这不就是店铺文化的确立吗？

店铺的招牌不应该只考虑招牌本身，确立店铺文化并将其传达给行人，才是集客招牌。

山茶堇对于这个迄今为止一直没有想到的想法感到吃惊，同时也感觉到脑袋里涌现出从未有过的崭新想法。

趁这个感觉未消失前，赶紧告诉设计人员重新做企划。

山茶立刻对着电脑敲起了键盘。

像玩具箱一样的店面设计

玩具王国的玩具箱。

照相馆"纯"的经营理念，没错，就是它。

在藤井浩德所说的话中，让山茶印象深刻的是"孩子的照片"这句话，所以她将重点放在这里，由此联想完成了照相馆招牌企划。

"二位意下如何？"

山茶堇观察着藤井夫妇的表情。

"很不错呀。"

妻子充子笑着说道。

"这个设计与以前的完全不同，真是很专业，令人钦佩。"

藤井浩德说。

山茶堇这才放下心来。

"其实，我也一度很苦恼。跳不出照相馆的固有观念，认为照相馆就是拍照片、洗照片。"

"是啊。我们也同样不能跳出这种固定观念。"

"但是，我猛然间发现'纯'真正想要做的是什么。

当时，我想起了藤井先生所说的'照片是回忆'、'家人的照片是家庭的历史'、'整理孩子的照片是家长的责任'这些话，脑袋里就有了主意。

于是，我发现藤井先生的这些话在'纯'的老招牌上一点儿也没有向行人传达出来。

也就是说，藤井先生心目中照相馆的作用和行人所认为的'纯'照相馆作用是大相径庭的。"

"什么意思？"

"不好意思。越说越像讲大道理。"

听了山茶堇的话，藤井露出了一丝苦笑。

"请给我们讲讲这大道理吧。"

"在考虑店铺的时候，我们很容易从经营者的视角和立场来考虑问题。

可是，无论是什么样的行业及营业形式的店铺，除了经营者以外，还有员工、顾客以及从店外观察店铺的行人。

如果，这4者对于店铺的想法没有达成统一的话，店铺的理念就形不成整体。

店铺理念不成整体的话，经营者和员工对于店铺的看法会各不相同，顾客对于店铺的看法会不同，行人对于店铺的印象也会不同。

这样一来，比如说，行人看到这家店铺想着'就这家了'，然后来到店里，但他在店里所接受的服务会与他所想的产生差异。

也就是说，经营者、员工、顾客、行人各自对店铺的看法、印象如果不能很好地统一起来的话，结果就会使客人疏远店铺。

我们把将这4者的看法统一起来的理念叫做店铺理念。

贵店现在就处于店铺理念完全没有构建起来的状态。

所以，我就想把藤井先生所说的'照片是家庭的回忆'这句话作为'纯'的理念，并且构思了为了将其向行人传达出去，应该设计怎样的店铺招牌，这就是我今天的提案。"

对于山茶堇的解说，藤井夫妇一边点头一边认真地听着。

"这个提案的要点一共有 4 点。"

山茶堇竖起食指。

"第 1 点，为了让行人直观地联想到'孩子的照片'，我们制作可爱的人物作为招牌。

可爱的人物，孩子们容易理解、亲近。特别是像'纯'这个以家庭和孩子为主要顾客的照相馆，这在表现效果方面将大有成效。

企划中，我们将店主藤井先生设计为河马的形象，并将其以明显的形式表现在招牌上，同时，在进门处多采用装饰插图，突显家庭和孩子这一印象。"

"河马不错哟!"

藤井摸了摸头。

"和他很像。"

充子笑了。

"第 2 点，在照相馆正面的两侧打出'回忆的照片'这几个大字，以便行人从远处就能辨认出来。

从行人行进方向上来看，旧招牌完全不好辨认。所以我们在篷布的两侧，也就是在行人的正前方打出'回忆的照片'这几个大字，行人一看就能知道这是家照相馆。

同时，从这几个大字中行人还能体会到照相馆之外的其他东西。"

藤井夫妇两人会意地点点头。

"第3点，招牌使用黄色底色、粉色文字，这种表现方式能够让看到的人感觉到一种期待和喜悦。

同时，在门前摆放立式招牌，也用同样的颜色体现出与招牌的统一感，整体给人一种大玩具箱的印象。

大玩具箱，别说是孩子了，就连大人看到也会觉得很兴奋。

把照相馆变身为玩具箱，我想对于将照相馆的理念传达给行人这一点来说会很有效果。"

"玩具箱？有意思。"夫妇两人异口同声地说。

"第4点，店头的一些通告多采用插图，这样会让人觉得有趣，更能体现出统一感。

具体来说，在入口处将店内提供的服务说明上多加些装饰图，与一些象征性的广告语一起打出来。

比如说，把'整理孩子的照片是家长的责任'、'照片是家庭的回忆'等藤井先生所说的话直接作为广告语打出去。

这样既能将照相馆的理念传达给行人，同时也会减少店门前杂乱无章的感觉，使来到门前的人能愉快地读取入口处招牌所打出的信息，形成自然而然的进店动线。

很多店铺都疏于制作进店动线，但不进入到店里来就不能成为店铺的顾客。我想我们应该重视诱导行人进店这一点。

看了我的提案，相信藤井先生及太太也都会觉得，这种设计营造出了一个玩具箱的氛围。

通过强调'回忆的照片'这句话，能够构建起属于照相馆的文化。

我想这是一份大胆的改造企划，通过这样的招牌形式应该能够很积极地向行人传达出贵店的理念。"

把店铺的理念用广告语和插图表现出来。行人看了之后，一眼就能知道店铺可以提供什么服务。像这样，简单地把店铺的魅力表现出来能够很好地向行人宣传店铺的魅力（提高魅力几率）。

图1-3 "纯"照相馆的店面设计

当招牌的改造、换装完成之后，陈旧的照相馆变身成为"回忆的照片'纯'"。

行人每每从此经过，都会感兴趣地驻足看看。

顾客开始慢慢增加。

放学了的小学生们，说一声"你好"，就高兴地跑进店里来。

萧条的照相馆成了每天都有很多客人光顾的店铺。

当初为了招揽客人想尽了办法，客人不但没有增加反倒越来越少，这次只是用新的招牌改变了店里的氛围，没有想到照相馆竟然这么轻易地就成为了一家旺铺。

配合招牌的改造，照相馆还全面地更新了店铺主页。

"整理孩子的照片是家长的责任。"

根据这一理念，"纯"改变了主页的设计和内容。

"店铺改变了，想法也会随之改变。"

浩德对充子说。

"过去，我们消极地认为再怎么努力也是白费，也不会有起色。但通过精心打造的招牌，我们的照相馆吸引了人们的注意，也成为了人们谈论的话题。人生没有什么过不去的坎儿，只要努力了就会有收获。"

"店铺也好、人也好，外观很重要呀。"

"你这话里有话吧！"

"哪有呀。"

充子笑着说。

"幸亏我们改造了招牌。"

"是呢。刚开始我还有点儿怀疑。"

招牌改造之后一年。

同行的照相馆有很多关门了，但"回忆的照片'纯'"凭借"家庭的回忆照片"这一关键词，选择到了属于自己店铺的顾客。选择顾客，反而使对店铺理念有共鸣的客人增加了。与上一年相比，"纯"的顾客数增加了 25%，并保持持续增长的势头。

而且由于集客数的增加，在七五三等日本的传统节日里，希望来"纯"拍照的顾客也增加了。

"纯"正计划重新装修店内，并制作摄影棚。

另外，"纯"的顾客层也得以扩大了，除主要顾客的年轻妈妈以外，行人中一些中老年的人们也被招牌吸引，成为了"纯"的顾客。

第 2 章
祖传三代的咖啡店如何在时代变迁中求生存？

东京都新宿区　科潘咖啡店

神乐坂是条古老的街道。

这条街道始于 1628 年左右的江户时代，有着近 400 年的历史。

这条街原来是江户时代的大老①坂井忠胜修建的。他的府邸在神乐坂上的矢来町，为了穿过神乐坂②下的牛込见附护城河进入江户城，他修建了这条坡道。

当时沿坡道的两边都被分割为各武士官邸，后来这神乐坂就作为武士官邸町发展了起来。令人吃惊的是，当时神乐坂从中间到坂上都是楼梯。江户时代的浮世绘描绘过神乐坂当时的样子，从中也能看到当时确实是楼梯。

到了明治时代，这条街才成为现在坡道的样子。

虽说立秋了，下午的烈日还是如盛夏般炙烤着大地，山茶堇爬上了神乐坂。

山茶堇这次负责位于神乐坂的科潘咖啡店的招牌改

①　日本江户时代德川幕府中的官职名。该职位辅助将军管理政务，地位在老中之上，是临时性的最高职位。

②　神乐坂是日本东京都新宿区一个地区，也是早稻田大街从大久保大街到外堀大街之间长一公里的坡道。大久保通的一端称为"坂上"、外堀大街的一端称为"坂下"。

造。这是小山雅明留给自己的第二个作业。

山茶堇预先搜集了一些有关神乐坂的信息。

说实话，她不能理解为什么店铺招牌的改造还需要了解街道的信息。只是，小山雅明跟她说了下面的话。

"下一家是什么店铺？"

"在神乐坂的一家咖啡店。"

"神乐坂呀！"

小山抿嘴一笑。

"是条很不错的街道！从饭田桥车站爬上神乐坂的途中，走到岔道会看到和主街道完全不同的景色。现在还残留着烟花巷的氛围。"

"烟花巷？是什么？"

"不知道烟花巷？就是'叽嗵呛'（日本三弦琴的弦音）呀。"

"'叽嗵呛'又是什么呢？"

"这个，你自己好好查一下。那么，你知道为什么从饭田桥到神乐坂那一段个体经营的店铺比较多吗？"

"这个我也不知道。"

"当然，这里也有全国连锁的店铺，但是个体经营的小店铺很多，其中传统的老店铺给人一种还在努力奋斗的印象。我经常去那里的一家杂烩店，每次去既能感受到神乐坂的顽固与坚持，也能感受到神乐坂的宽广胸怀。"

山茶堇不明白小山所说的话。

"你好像不太明白我说的话。嗯，算了。你负责的那家店是连锁店吗？"

"不是，是家个体经营的店铺。现任店主的祖父创建了这家店铺，已经祖传三代了。"

"噢……"

小山雅明看了一眼天花板。

"我想再也没有像神乐坂这种随着时代变迁而做出如此改变的街道了。虽说街道变化了，传统的店铺有所减少，但应该还是有留下来的。你去调查一下这是为什么。"

山茶堇很困惑。

"请问总经理，这和这次的招牌改造有关系吗？"

"有没有关系，就看你怎么理解了。

店铺和街道有着不可分割的关系。各式各样店铺的聚集形成了街道，如果街道的样子随岁月改变的话，那么街上的店铺也会随之改变。

你这次负责的店铺，是在神乐坂祖传三代的店铺。祖传三代，那么应该是从 20 世纪 40、50 年代那会儿开始经营的吧。

据我所知，这二十多年间神乐坂发生了翻天覆地的变化。尽管如此，这家店铺却能够坚持营业这么长时间，是有点儿意思。

时代的变迁和店铺的经营方式有着一定的关系，或许你通过这次企划会得到答案。这很有可能成为你今后发展的强有力的武器。

所以，你先去了解一下神乐坂这条街道。"

不被周围的景观埋没，以店面设计向行人传达店铺特色

照小山所说，山茶堇调查了神乐坂的历史。

然而，这对她来说只是枯燥乏味的历史。

她的脑袋中回响着解说词似的声音。

"神乐坂在明治时代拆除了武士官邸，变成了现在这种两侧店铺林立的坡道。

大正时代，由于经济繁荣和民主主义盛行，这里聚集了大量商人。他们在此款待政治家和文人。因此，很多艺妓开始出入此地，艺妓的住所和酒家也开始越来越多。

到了昭和年代，神乐坂被称作烟花巷，从商人的街道转变为灯红酒绿的街道。

这种情况一直持续到战后，即便是现在在一些小道上还留有当时的氛围……"

就像在学习历史。

"我上学的时候就不擅长历史。"

山茶堇有点儿抱怨地自言自语道，但又把有关神乐坂街道的知识一一灌入脑袋中。真不知道和这次的企划有什么关系。

山茶堇来到了科潘的门前。

这是家随处可见的普通咖啡店。

从外观来看，它像是某个全国有名的连锁店铺。

山茶堇走进了店里。

"正如您所看到的，店里的顾客越来越少，于是我想得赶紧想办法，就去参加了你们公司的总经理研讨会。《招牌集客法》这个题目挺有意思。所以，我想也许会发现一些打开当前局面的线索，就委托了你们公司。"

科潘咖啡店的总经理胜村忠之对山茶堇微笑着说道。

"山茶女士经常来神乐坂吗？"

"哦，没有，实际上这是我第一次来这儿。"

山茶干脆地回答道。

虽说尽量以笑脸相迎，但由于面相有点儿冷傲，总是被人说冷淡或是缺乏表情，这让山茶本人也很苦恼。因此，山茶总是努力地微笑。这一努力是否有效果就不得而知了。

"神乐坂是条历史悠久的古老街道啊！"

胜村说道。

"正街虽然看不出来，但岔道小路里还留有很多过去的酒家和餐饮店。而且有很多外观传统、内在现代的店铺。"

"噢，是吗？"

"经营店铺不能有违时代的潮流。街道本身每天都在变化，经营店铺就必须与时俱进。当然，跟不上时代、日渐萧条的店铺很多。"

"哦，是吗？"

山茶堇附和着，同时也对自己语言的匮乏感到失望。

"是啊。您也看到了，我这咖啡店正在日渐萧条。"

胜村苦笑着。

"神乐坂这条街也不能有违时代的潮流。时代在改变、每天来到这里的人在变、人们的口味也在变。想在这种地方求生存，就必须要融入现在的潮流中，所以我才把店改成了现在这样……但还是没什么起色。"

确实，科潘从传统的咖啡店改装成了现在这种现代快餐式咖啡店。

看来此店注重通过形式来迎合时代。

山茶堇心中这样想着。

"我很想在这片土地上生存下去，所以才决定以爱和广告的集客招牌来搏一搏。山茶女士，拜托了。"

胜村笑着向山茶堇作揖。

"我一定会尽全力的。"

山茶堇说着，站起身来鞠了一躬。

"那么，山茶女士觉得我现在的招牌如何？"

"嗯。"

山茶堇说出了她进店时的感受。

"坦率地说,给人一种随处可见的咖啡店的印象,感觉像是哪家连锁店。我想从行人的角度也许会这么想。对不起,我说话太直了。"

胜村轻轻地摆摆手。

"很感激山茶女士坦言。确实是这样,事实上我是参考了连锁店的招牌设计,乍一看可能会让人有这种感觉。"

"对于行人是如何选择餐饮店的,有一项调查。根据此调查,有40%的人是看招牌和店面来选择的。"

"哦,是吗?"

"不管什么店,最终会因为是否能使行人成为自己的顾客而导致集客数的不同。尤其是像科潘这样的店,客人多少我想是直接关系到店铺经营的。"

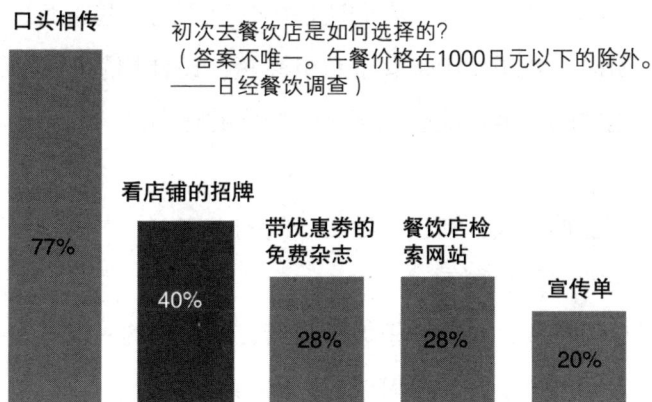

初次去餐饮店是如何选择的?
(答案不唯一。午餐价格在1000日元以下的除外。
——日经餐饮调查)

口头相传 **77%**

看店铺的招牌 **40%**

带优惠券的免费杂志 **28%**

餐饮店检索网站 **28%**

宣传单 **20%**

图2-1　40%的新顾客看招牌选择店铺

所谓集客招牌，就是使行人成为自己店铺顾客的招牌。

这可以通过考虑和读取行人心理、诱导行人来实现。"

"有意思。"

胜村忠之听完山茶堇的话，拍手说道。

"这是很有趣的想法，很让人兴奋。我有一个请求。"

"什么请求？胜村先生请说。"

"可能因为这里是历史悠久的街道，过去就住在这里的人们总是有一些顽固的地方。像我店里的老顾客，都是从上一辈、上上一辈就同我打交道的人，我很重视与他们的这种关系，也想一直保持下去。

但我把店改成这样之后，很多人已经不太光临店里了，但是仍有很多老顾客依然如故地支持店里的生意。无论岁月如何变迁，这些人们还是怀念过去的一些东西。

所以，我想和山茶女士商量商量，设计招牌时尽量能够让这样的顾客也能感觉到这咖啡店的魅力。"

爬上神乐坂，有座叫做昆沙门的寺庙。

昆沙门天善国寺。

这座寺庙，是比神乐坂还古老、有由来的一座寺庙。

寺庙创立于江户幕府成立以前的 1595 年。

山茶堇站在寺庙内思索着。

科潘的店主胜村忠之拜托她做一个既能引起现代人共

鸣又能唤起故人们共情的招牌。

"我继承这咖啡店只有 10 年的时间。10 年前，大型的连锁店和便利店在这里相继而出，过去的老店铺很多都消失了。

夏目漱石曾经经常光顾的老字号'田原屋'西餐店虽然挺过了泡沫经济年代，也不敌这种运用大型连锁店资本和技术的经营方式而关门了。

我在继承这店的时候，周边环境已经与以前大不相同，顾客层也发生了很大的变化。

这咖啡店在我祖父祖母开始经营的时候，是一家传统的点心店。

我父亲继承这店时，由于当时西式点心比传统点心更受欢迎，所以他考虑再三之后，把点心店改成了经营手工蛋糕和快餐的店铺。

后来，10 年前我继承店铺时，附近的老房子接二连三地被拆掉，盖成了现代公寓。

随时都光临的老顾客们渐渐消失，居住在新公寓的人们开始在街上走动，街道的氛围发生了变化。

便利店和大型连锁店对于这些人来说更为熟识一些。

因此，他们并不会光顾我这样的老店铺。

于是我将店铺改造成了现在的样子。

然而，这样一来，老顾客们开始越来越不习惯。这是我最近才注意到的。

时代的潮流中，有的店消失了，有的店要继续坚持传统的营业方式。像我这咖啡店就在迎合时代变迁，即使改变营业方式也想要生存下去。

这样的店当然需要新的顾客。

切实地需要。

但是，不光是新的顾客，我想以前的老顾客也不能放弃。

所以，我才想拜托山茶女士帮我做一个'新老顾客都能接受的招牌'。"

山茶堇从昆沙门天寺内出来到了神乐坂。

她下坡来到饭田桥方向，在左手边看到一条小路。

像是想起了什么，山茶堇走入了小路。

狭窄的道路两侧，黑色板壁的饭馆一家挨着一家。

脚下的路不是水泥路而是石子路。

山茶堇高跟鞋的声音在小路上回响。

道路曲曲折折，走到尽头又出现另一条小路。

突然，像是给人暗示似的，一只野猫悠闲地从眼前走过。

山茶堇微微一笑，放松了心情。

直到现在她才发现，这里的氧气浓度不同、温度不同，感觉时间的流逝也是缓缓的，很安静。

嗯，味道也不同。

不是都市的味道，也不是郊外的味道。

是神乐坂的味道。

对呀。各条街有各条街的味道。山茶堇这才发现街道的不同味道。

店铺在街道上，店铺聚集在一起形成了街道。两者是不可分割的。

街道变化了，店铺也不得不变化。

因此，街道的变迁也是店铺的变迁。

山茶堇停下脚步，又返回到刚才的路上。

"哎呀，山茶女士。怎么了？"

"百忙之中再次打扰，真是不好意思。实际上，刚才我去了神乐坂的小路。我想再听听胜村先生的故事。"

又回到科潘的山茶堇，给胜村鞠了一躬。

"有什么灵感了吗？"

坐在桌子对面的胜村示意山茶堇喝咖啡，自己也端起杯子喝了一口。

"没有，还没有灵感。只是注意到一件事情。"

"哦，是什么呢？"

"街道有属于它自己的味道。同时，正是像科潘这样的店铺组成了神乐坂这条街道。街道变化了，店铺当然要随之变化。另外，店主和员工对店铺的感情形成了有形的店铺。"

"噢，原来如此。"

"所以，我有个不情之请，想请胜村先生给我讲一讲您继承这家店的故事。"

"我继承这店的故事是吗？这有什么作用吗？"

"了解胜村先生的历史，就是了解科潘的文化。在神乐坂这条不断变化的街道上，科潘迄今为止是怎样应对的、今后应该怎样应对、怎样利用集客招牌来帮助科潘……这全部的问题，我想通过了解胜村先生与店铺的关系后会变得逐渐明朗。"

"嗯。"胜村稍稍考虑了一下。

"我的故事可能很无趣哦。"

"没关系。胜村先生您说过，科潘自您祖父创业以来，一直在这片土地上奋斗着。随着时代的变迁，神乐坂这条街道也在不断变化。"

"也许是因为地方的关系吧。我记得有人在文章中写过，山地和盆地的正中间最容易接受时代的变迁，我也这么觉得。

刚才，走在小路上的时候，我能感觉到一种完全不同的氛围，真切地感受到了神乐坂的味道。

就在那时，我才发现自己在店铺的集客问题上只把焦点放在了店铺这一边。

店铺是街道的一部分。街道反映着住在那里的人们所创造的历史。那么我想，了解实际经营店铺的胜村先生的历史，可能会设计出符合神乐坂特点的、真正的集客招牌。"

胜村喝了一口咖啡。

"嗯，好吧。虽然我的故事没什么特别的。"

以这句话为开场，胜村开始给山茶董讲述自己继承科潘的故事。

传统咖啡店旧貌换新颜

大约是距今 30 年前，在我小学高年级的时候，我的祖父祖母从店里退休，同时我父亲继承了这块土地和店铺并盖起了楼房。1 楼就是经营点心和快餐的科潘咖啡店。店铺从传统点心店转变为咖啡店。

大学毕业后，我就职于一家大型建筑公司。决定进入建筑公司是因为可以全国各地到处跑。这一点对于在东京土生土长的我来说很有吸引力。

我仅在入社典礼的时候去了饭田桥的公司本部，一上班我就去了名古屋的分公司。

之后，就是完成一个地方的工程就去另一个地方，这样，我转遍了全国各地。名古屋、静冈、长野、岐阜、新潟，连远离本州的四国、北海道我都去了。当时我觉得自己很适应这样的生活，过得很快乐。

在我工作的第十个年头，刚刚成为独立的现场工程监理师时，父亲打来了电话。

"愿意回来吗？"

那正是我积累经验、工作如日中天的时候，对吧。

我很困惑。

"让我现在回去？面点师吉野呢？让他来继承不就行了吗？"

虽说我是家里的老大，让我放弃建筑公司的工程监理师的生活和工作，在当时是不可想象的，所以我毫不留情地拒绝了父亲。

"总之，我不会继承那店的，找别人吧！"

我走上社会后，一直作为现场工程监理师和建筑工人打交道。我无法想象和品咖啡的顾客打交道是什么样子。

但是，我父亲却也不罢休。

在那之后，他又几次打电话来说"快回来"，十分执拗。

就在我在北海道札幌工作的时候，大概是 2 月中旬。有一天，父亲突然来了。

他觉得打电话已经不起作用了。

北海道的 2 月，天气很冷。

那天还下了雪。

去千岁机场接父亲的时候，看到走出出口的父亲，我忽然间觉得很痛心。

提着深棕色提包的父亲，比我记忆中的父亲腰板弯了很多，看起来十分苍老。夸张点说，满头的白发就能看出父亲人生的年轮。

结果，如父亲所愿，我回到了神乐坂。当然，因为是在公司工作，没有那么快就能回去。

几个月后，我进入到了店里。

"今天教你做我们店里的招牌点心神乐坂泡芙。"

一直在店里工作的面点师吉野从零开始传授给我店铺的事情。

虽说决定了让我独立经营店铺，可我是个门外汉，只有在我一一学会了厨房里的每件事情之后才可以独立。

我真的很感谢父亲。

接下来就是每天系着围裙，和容器、奶油泡沫打交道。

一边学一边做还能做成。可一让我一个人做，不是外皮烘不起来，就是里面的奶油没做好，我总是做不出来能拿出去给顾客享用的点心。

做蛋糕真是很难。

索性不如店里不卖蛋糕了。

我曾经想过。

我们的蛋糕不是电视里有名的面点师做的新式蛋糕，而是蛋糕稀少年代里的那种传统蛋糕。现如今，便利店里卖的简便式甜点也很好吃。这让我不得不认为投入时间和精力在这种蛋糕上是没有价值的。当然，我也烘烤不出好的蛋糕。

但是，一直有老顾客对这种传统的蛋糕和泡芙情有独钟。看着他们每天津津有味品尝的样子，我无论如何也下不了不卖蛋糕的决心。后来我反而想，倒不如保持住这个传统的味道。人的想法真是说不清呀。

做蛋糕虽说很难，但对我来说，真正难的是招待顾客。

在顾客面前我低不下头来。

因为我一直在建筑工地做工程监理，指挥很多建筑工人，所以从来没想过跟人低头。这个习惯怎么也改不掉。

那时我认为不低头是人的自尊。其实那不是什么自尊，只是娇惯少爷的任性。

后来我终于意识到了低头并不是丢掉自尊，而是表达自己内心感激的一种行动。如果真的心存感激的话，谁都能低下头来。我原来一直都不明白这个道理。

就这样，我慢慢地学会了招待顾客，做出的蛋糕也能拿给顾客品尝了，我稍稍松了口气。可时间不长，大型连锁店和便利店开始在神乐坂相继而出，真是让人头疼。

咖啡店和它们的资金基础、技术力量大相径庭。

也就是说，营业所需的基本力量从一开始就不同。

就像少年棒球队里突然加入了主力选手，然后又在同一联盟进行比赛，谁都知道结果会怎样。

而且，这一片的老建筑都被拆掉，盖成了高层公寓。

后来神乐坂成了媒体关注的焦点，以年轻人为中心，神乐坂开始人气大增。

一般来说，街道越有人气，光临的顾客越会增加。

但是，神乐坂的一些老店铺却一家接一家地倒闭。

因为住在现代高层公寓里的大都是年轻人，这些年轻人并不是喜欢神乐坂这条街，而是被神乐坂这个名字吸引而来的居多，即街道的名字成为了招牌。所以，大多数人都倾向于新开张的大型连锁店和品牌店，而不是传统的老店铺。

只有一些老顾客才会光临老店铺。

而这些老顾客们年纪越来越大，说难听点儿，人是越来越少了。

那么，该怎么办呢？

于是，我冥思苦想之后，决定让年轻人也对这店感兴趣，所以就把招牌改成了仿效大型连锁咖啡店的样子。

就这样一直到了现在。

听了山茶堇的汇报，小山雅明抿嘴一笑。

"你也掌握不少工作要领了。"

爱和广告股份公司总经理室。

办公室中央的会议桌上摆放着资料，山茶汇报了工作的经过。

山茶堇红着脸，咳嗽了一声。

"那么，你是怎么想的？"

"总经理指哪一方面呢？"

"有关街道和店铺的关系。你感觉到了什么？"

"走在神乐坂的街上有一种感觉。

从正街走入一条小路，会感觉到完全不同的氛围。

大街上，确实是最近新开张的店铺、便利店、大型连锁店一家挨着一家，但是背街上还留有很多传统的老店铺。氛围大不相同。"

小山用眼神催促山茶继续说下去。

"比如说，大街上那些连锁店搬到背街上去恐怕是无法继续经营下去的，会立刻退出。

正如胜村先生所说，正街变化很大，到处洋溢着一般现代商业街的气氛。但背街上仍然留有神乐坂这条街道的历史味道。

街道，真是因坐落在那里的店铺的不同而不同呀。

我想街道变化了，可以说店铺的特色也随之变化。街道的氛围也会因为店铺的营业形态和顾客层而不同。

最后，我想即使同样是在神乐坂，正街和背街都需要改变各自的营业方法和集客方法。"

小山点了一下头问道。

"科潘是在正街上吗？"

山茶堇点点头。

"是的。在神乐坂的正街一侧。"

"那么……"

小山靠在了椅子背上，挽起双臂说。

"就是说必须要做出一份你所说的符合正街氛围的招牌，对吗？你有什么主意？"

"这就是今天我想跟总经理商量的事情。"

"还没主意呢？"

小山雅明抿嘴一笑。

"你刚才推测，在正街上经营的新店铺在背街上是经营不下去的。"

"是的。"

"原因是你认为背街的小路上林立着的传统老店铺是具有神乐坂特色的店铺，是吗？"

"我是这么想的。"

"在这里你有一个很大的误解。"

"误解？"

"是呀。街道并不是只有一部分会发生变化，街道的变化就是时代变化的证据。所以，街道必须也是所有地方都发生变化的。

你只不过是观察了神乐坂这条街道的表面。

明白了吗？

神乐坂的背街上应该没有残留着过去的老店铺。"

山茶堇一头雾水。

"我是亲眼看到的呀，老店铺有很多。"

"从过去就留下来的店铺，未必还在以和过去同样的方式营业。嗯，没错，应该是背街上只留下了以传统方式经营的店铺。

街道的变化就是时代的变化。

街道发生了变化，其中的店铺为了生存就必须改变其营业方式。为什么这么说呢，这是因为街道的变化就是聚集在那里的人们的思想意识的变化。

科潘的店主应该也这么说了吧。

公寓林立，住在那里的人们会倾向于新的连锁店和品牌店，而不会去一些老店铺。

守着过去营业方针的店铺是不会打动现代人的心的。最后，人们也不会去。最后，店铺就会倒闭。

就是这样。

虽说是背街，但走在那里的人们的思想意识应该和过去不同，而与进入连锁店以及便利店的人们的意识相同。也就是说，无论店铺在哪儿，过去的营业方针都是行不通的。

这样的话，那些在背街上酝酿出传统氛围的店铺究竟是发生了什么样的变化呢？

应该是外观看起来像是过去的、传统的，店内的服务却迎合现在聚集在神乐坂的人们的嗜好。

不这样的话，是不能坚持到现在的。"

小山雅明对山茶堇点点头。

"你走在街上所感受到的东西很重要。为了设计店铺的集客招牌，去感受街道的氛围，这是很有用的。

可惜你还没有以行人的眼光来看。

作为行人，无论是走在正街上还是背街上，应该都是以同样的价值观和视角去感受的。

如果，你真正以一个行人的眼光漫步背街的话，也许更能理解我所说的话。"

山茶堇瞪大眼睛看着小山。

第二天。

山茶堇又去了神乐坂。

昨天小山的话使她受到触动，她想再次走走感觉一下正街和背街上行人的意识是否相同。

她花了整整一天在神乐坂漫步。

她一会儿站在道路边默默观察行人的举动，一会儿作为客人进入到背街的店铺里。

不同的时间，她在相同的路上来来回回走着。

神乐坂这条街道，每次去都呈现出不同的"表情"，但走在那里的行人好像总是同样的神情。

"神乐坂真是条有魅力的街呀！"

几天后，山茶堇拿着一份企划书来到了胜村的咖啡店里。

"正街上的商店街每时每刻都在跟随着时代的变化，但稍微走进一条小巷子，就会感觉到依然有那种怀旧的影子。我在那里漫步许久，感觉度过了人生中最奢侈的时光。

我明白了一件事情。"

胜村很感兴趣地看着山茶的脸。

"在正街上营业的店铺也好，在背街上以传统形式营业的店铺也好，从根本上来说都是以同样的思想意识来经营店铺的。这是我在街上来来回回走了好几趟之后才明白过来的。"

"这个想法有意思，说来听听。"

"实际上，我是从小山总经理那里得到了暗示，然后花时间在神乐坂街上散步来着。"

山茶董坦率地将自己当时的感受说了出来。

"随着街道的变化，每家店铺都在努力地顺应现在的环境而进行改变。"

胜村会意地点了点头。

"确实，我在继承这店的时候，也认为光凭老字号的名字是无法生存下来的。所以，才根据现如今这个时代改变了经营形态。

可是，就像我前些天跟山茶女士说的那样，尽管如此店里还是没有起色。过去的老顾客也越来越少了。"

"对于这个问题……"

山茶董将企划书打开放在桌子上指着说。

"我认为问题出在科潘只是外观顺应了时代的变化。

什么意思呢？科潘现在的经营形态是自助式咖啡店，顾客能够方便快捷地享用咖啡和点心，但这种服务形态还是全国连锁的店铺实力较强。科潘的现状是一看店铺门前的招牌，很容易让人产生这里是连锁店的错觉。

这样的话，行人和居住在这里的人就会拿科潘和自己熟悉的连锁店作比较。

如果外观和服务都和连锁店没有什么大的差别的话，人们总是倾向于自己熟悉的连锁店。

一句话来说，我想是不是因为街道里聚集了很多新时代的人，所以科潘过于迎合这些人的嗜好而埋没了自己所独有的长处呢？"

"哦，原来如此。请山茶女士继续说。"

"科潘从过去开始就有自己强有力的一道武器。

是什么呢？就是店里提供的原创'神乐坂泡芙'。

我也品尝了，真的是很美味的甜点。另外，通过前些天胜村先生所讲的艰辛，我也能感觉到这泡芙中凝聚着科潘的传统和历史。

所以，这份企划将神乐坂泡芙放到店门前，以此来全面改变科潘。我想试试使用不追求新奇，而是实打实地向行人诉求的方案，看看如何。"

胜村起身看着山茶堇拿来的这份企划。

"嗯，在门口放置立式招牌，在招牌上打出泡芙的大照片。这是灯箱式立式招牌，可以自由地更换照片和底面，能够及时地将店铺的信息传递出来。

第 2 点要改善的是老招牌的颜色。

现在的招牌统一为暗绿色系，行人从外面看上去像是褪色了，从而感觉不到店铺还在营业，因此就很难有进店的心情。所以，我想全面改变招牌的颜色。

新招牌将以沉稳的暗红色来统一。这种暖色系会给人一种温暖、休闲、安静、西式的印象，所以应该有将店铺氛围印象化的效果。

第 3 点，撤掉门前模仿大型连锁店的设计，在临街的窗户上直接用文字图案打出 POP 字体①的广告，同时用立式招牌也打出广告。门口东西太多的话，会在形成诱导顾客进店的动线上失利。"

胜村很有兴趣地看了好几眼企划书。

山茶堇一边看着胜村，一边回想起了昨天小山所说的话。

"要做出特色，就是要让店铺挑选顾客。

通常都认为是顾客挑选店铺，可实际上，店铺挑选客人才是真理、才是原本意义上的店铺经营。

---

① POP 字体是一种常使用于广告与海报设计的字体，类似于拉丁字母文字中的无衬线体。

比如，店铺在考虑把这个商品作为特色提供给顾客时，应该是只有喜欢这一商品的顾客才会聚集而来。而且，这样的顾客成为店铺粉丝的可能性也很高。因为不管怎么说，顾客是冲着自己喜欢的商品和服务才进入店里的。

我认为，真正的集客是将自己的理念传达出去后，挑选自己所需要的顾客。"

招牌改造后 3 个月，科潘成为了门庭若市的旺铺。

在招牌上打出大的照片和名字后，带有地名的神乐坂泡芙成了名副其实的招牌商品，每天不到傍晚就卖光了。

同时，销售额也增加到了上一年的 120%。

第 3 章
在二等地段新开张的
地下店铺快速成为旺铺的原因?

东京都港区　田町老牛肉饼

小山雅明留给山茶堇的第 3 个作业，是为一家准备开张的牛肉饼店做招牌企划。

山茶堇去考察了店铺的位置和建筑，并和店主约在附近的快餐店见面。

店主名叫桥本伸一。

这是他第一次开店。

"我本身并没有在餐饮店学习过技术。虽然我有将近十年的时间在各种店铺干过，要论赚生活费，还是在餐饮店打工来得较快。"

山茶堇问他是否还做过其他工作，桥本脸上浮现出像是小孩子淘气被大人发现时的表情，笑着回答："是的，其实我一直都在剧团表演话剧，山茶女士可能也知道，在剧团是吃不饱饭的。作为演员能够生存下去的只是极少的一部分人。"

"那个……"

桥本伸一转换了话题。

"店名我想叫做'田町老牛肉饼'，山茶女士觉得怎么样？"

"嗯……不好意思，我不是经营顾问，所以无法告诉桥本先生店铺名的好坏。"

"我想新开张的店铺总要有一个有影响力的名字。好不容易请专业人士来为店铺设计集客招牌，这一方面还是想听听山茶女士的意见。从集客招牌的角度来看，怎样给店铺命名才能给人留下深刻的印象呢？"

山茶堇一时不知道该怎么回答，突然想起来这是展示集客招牌的好机会。

山茶堇坐直了身子，说道：

"我们在为客户设计集客招牌时，通常是以'3阶段几率论'为原则来考虑。"

"听起来挺专业的嘛。"

"就是从谁看招牌这个视角来考虑。"

"谁看……哈……这是什么意思？"

"常有的一种误解是，以店铺经营者和员工的视角来制作招牌。"

"这是说将自己店铺的特色表现在招牌上吧？我觉得没什么不好。"

"如果能将店铺的特色原封不动地表现出来是没有任何问题的，但这样制作出来的招牌往往是店主和员工自命不凡的自我主张，或是店主自己的兴趣爱好，却无视了顾客的眼光。"

"比如说什么样的招牌呢？"

"我们经常能看到英文字母招牌，行人一直在移动，没有人一家挨一家地停下来看招牌。所以他们对连怎么读、是什么意思都不知道的英文字母招牌会有多大兴趣呢?"

"嗯,没错。"

"另外,只在招牌上大大地打出店名的店铺也有很多。"

"我认为在招牌上打出店名挺好的呀。"

"如果考虑一下行人的心理,这其实是种错误的想法。"

"哦?"

"请桥本先生想象一下,走在街上想要去某家店铺的情景。比如,您决定去吃点儿东西,但您对那条街道不是很熟悉,哪有好吃的店铺也不清楚。在这种情况下,桥本先生会怎样寻找店铺呢?"

"嗯……"

桥本伸一挽起了手臂。

"首先,我会看看周围,找找有没有价格合适的店铺。当然有时会边考虑自己想吃什么边找,也有时在找到店铺之后再考虑吃什么。"

"也就是说凭店铺的外观和招牌来寻找,对吧。"

"嗯,是的。"

"这样的话,如果有一家店铺招牌上只是打出了大大的店名。看了这样的招牌,桥本先生会想要进入店里吗?"

"只有店名吗……嗯，确实仅凭店名我想我不会进去。除了经常去的店铺，第一次进店时，如果招牌上只有店名的话，不在我选择范围之内……"

山茶堇微微一笑。

"如果是难懂的英文字母招牌也是一样的吧。乍一看，如果不知道是什么店铺、店里提供什么，行人会感到非常不安。

我们不能忘记，店主和员工单方面的特色是不能传达给行人什么的。

从集客招牌角度来说，不能向行人明确地表示出是什么店铺、店内提供什么服务等这些信息的招牌，再怎么漂亮，也很难说是集客招牌。

招牌是提供给行人看的东西，不是给店主和员工看的，这是基本。

也就是说，我们必须从行人的角度出发，考虑行人在什么状况下、什么位置看店铺的招牌，并以此来设计招牌。"

"哦，有意思。"

"谢谢。这样就有了集客招牌的'3阶段几率论'。"

"有影响力的店名。"

小山雅明一边叹了口气一边瞥了一眼桌上一大堆杂乱的文件。

小山这儿每天都会有各个部门送来的、堆积如山的文件，稍不留心桌子上就会乱成一锅粥。但是比起坐在办公桌前与一堆文件苦斗，小山更喜欢在公司内转悠，跟员工说说话，直接听听本人的口头汇报，所以他的办公桌上永远都是堆积如山的文件，真让人头疼。他本人也会偶尔为此叹气。

"我跟客户讲解了从'3阶段几率论'来看，什么样的招牌容易吸引行人的眼球，可客户说想使用这个店名……"

山茶董对于小山失望的叹气声充耳不闻，跟他讲了这家新开张的牛肉饼店老板给自己提出的难题。

"嗯，是呀。店名也是集客招牌的一部分，这一点没错。"

小山一边努力地批阅桌子上堆积如山的文件一边瞅了一眼山茶董。然后，他停下手中的工作，

"只要掌握了集客招牌的根本，应该是有很多灵感的嘛！"

说着，小山深深地靠在椅子上。

他好像是放弃了桌子上的那一堆文件。

"那么，你很好地掌握了集客招牌的基本秘诀了吗?"

山茶董轻轻地点点头。

"当然，我随时不忘把'3阶段几率论'作为设计企划的基础，如果说这样算是掌握的话。但不瞒您说，最近我

感觉有些不安。"

"哪些地方感觉不安呢？"

"以提高'发现几率'、'魅力几率'、'诱导进店几率'为前提设计招牌的话，最后的设计及颜色搭配总是会成为同一种风格。"

"是吗？"

"是的。从行人的角度出发考虑容易很快被发现的招牌的话，就要使用显眼的颜色，那当然是暖色系了；想要让行人看到招牌就能感受到店铺的魅力，就要在招牌上打出店内和料理的照片；想要自然地诱导行人进店，就马上会想到在店门前摆放带有菜单的立式招牌，或是在入口处加上诱导进店的箭头。最后，尽管是为不同的店铺设计招牌，但结果却同一化，或者说形成了一种思维定式。有时我觉得自己就是把相同的企划提供给不同的店铺。"

小山一直盯着天花板，这才慢慢地说道。

"有一家'河豚季节料理 三木'，是以甲鱼料理为主的海鲜料理店，价格实惠。这家店的招牌是我们公司设计的，你见到过吗？"

"哦，没有。"

小山点点头。

"还有一家'三丁目竹签烤肉'，是家酒馆，其烤鱼串等菜品都是均价290日元。这家店位于新宿三丁目的繁华商业街上，在竞争对手林立的环境当中，其营业额却一直在顺利增长。这家的招牌也是我们做的，你见过吗?"

"很抱歉，我也没见到过。"

小山再次点点头。

"我知道你很了解集客招牌的基本理论。但是，就像你自己指出的那样，你的定式思维较强，好像总是不会转换思维。去给我好好看看刚才我说的这两家店铺的招牌设计，回来后我们再谈。"

因缺少资金而在二等地段开张的店铺，如今人气大涨

杂居楼的二楼一侧，蓝色底色的招牌上写着白色的大字。

"河豚季节料理 三木　2楼"。

走在繁华商业街的背街，经常会看到这样的招牌，是非常普通的外挑式招牌。

从楼的正面看去，这块只写着白色大字"河豚季节料理 三木"的深蓝色招牌像是把二楼的窗户围了起来。

小山雅明命令山茶堇先去看第一家店铺"三木"改造前的招牌。现在山茶堇正看着这个招牌的照片。

"乍一看，也许不太礼貌，像是乡下的一家萧条的小餐馆。"山茶自言自语道。

挂在行人视线正前方的外挑式招牌，确实是容易映入

行人眼帘，但也许是招牌颜色太陈旧，并不会让人一下感到有兴趣。

山茶堇想着，来到楼的正面，抬头看二楼店铺的人也可能会因为这招牌过于陈旧无味而扬长而去。"至少我会毫不犹豫地离开。"

接下来，山茶打开了改造后的招牌照片。

招牌还跟原来一样挂在二楼。

但是，给人的印象却完全不同。

这个外挑式招牌以浅驼色为底色，写着黑色手写体的大字"甲鱼"，在其旁边用稍小的字写着"河豚活鱼"，这些占了整个招牌的四分之三。

并且在这些字的上方画有水墨画风格的甲鱼插画。

店名"三木"用很小的字书写并用方框包围着，从行人的视线来看，首先映入眼帘的是"甲鱼、河豚、活鱼"的字样。而且看了这几个字，行人就能够立刻知道这是家什么店铺。

正面墙上的悬挂式招牌更是巧妙。

首先，画着水墨画风格的甲鱼插画包围了窗户，旁边写着手写体的文字"甲鱼、河豚"，下面画着水墨画风格的鱼，并且从鱼的嘴里吐出广告语"钓鱼迷店主"。

另外，与这句广告语对应，招牌下方写着"刚钓来的活鱼"这样的文字。看到这个招牌整体的瞬间，行人不仅能够明白这是家什么店、提供什么料理，还能从中了解到店主的爱好。

山茶堇感到震惊，虽然这招牌简单，但却巧妙地抓住了人们的心理。

尽管新旧招牌在同一位置，为同一大小，新招牌只是根据行人视线的移动改变了字体、设计以及颜色，就变得如此充满魅力与众不同。想到这些，山茶堇除了震惊还感到不可思议。(参照 P10 彩页)

山茶堇打开了小山所说的第二家店铺"三丁目竹签烤肉"的照片。

先看改造前的照片。

这家店在一栋拐角处的楼里，地理位置不错。

但是，当看到楼的全景照片时，一家有名连锁店的纯红色招牌，一下子就映入了眼帘。

而这块招牌正下方的另一块招牌，完全不被人注意。这块招牌的大小、招牌上文字的大小尽管都和上面那块红色的一样，但是却完全被抢了风头。

"果然，还是红色系招牌引人注目啊!"

山茶堇心想。

下方那块不显眼的招牌，就是"三丁目竹签烤肉"的招牌。

另外，在改造前，"三丁目竹签烤肉"的店名是"烤鸡烤鱼店 新宿竹签屋"。以改造招牌为契机，此店更改了店名。

翻开招牌改造后的照片。

山茶堇瞪大了眼睛。

看到的一瞬间，感觉这招牌就像是跳进了眼睛一样。

上面同样是连锁店的红色招牌，但改造后的招牌一眼就能够被注意到。

做得太棒了！

山茶堇吃惊地张大了嘴巴。

招牌的底色改成了浅茶色系。

上面标记着"炭火 鱼串、烤鸡肉酒馆"，使用的是手写体，像是没练过书法的人写的一样。

下方用很大的文字写着"所有菜品均价 290 日元"。

哎呀，招牌上没有店名。

山茶堇仔细地观察着照片。

最后发现招牌上用很小的字写着"三丁目竹签烤肉"。

原来如此。

"明确地告诉行人是什么店铺比店名重要"，她想起了小山的这句口头禅。

确实，这个招牌会使看到的行人马上明白店铺的服务内容，有意思。山茶堇不禁点了点头。

可是一般来说，红色系比茶色系更为显眼，为什么这个茶色的招牌会这么容易映入眼帘呢？

一边对比着照片，山茶堇一边冥思苦想。（参照 P11

彩页）

"与红色相比，茶色要更显眼的原因是什么呢？"

看着摊开在会议桌上的照片，小山不太明白。

"什么意思？"

"就是……"

坐在对面的山茶堇指着"三丁目竹签烤肉"的照片回答道。

"招牌改造前，很明显上面那个店铺的红色招牌抢占了风头，改造后，我们设计的这个招牌反而吸引了人们的眼球。但茶色并没有红色亮丽，那么，很安静的茶色系为什么会比亮丽的红色看起来更显眼呢？真是不可思议。"

"嗯"，小山清了清嗓子。

"茶色并不比红色显眼，是吗？"

小山看着山茶堇抿嘴一笑。

并在电脑屏幕上打开了一个页面。

是两幅图。

"前进色和后退色，你知道吗？"

"知道。"

"给我解释一下。"

"各种颜色中有看起来像是凸出来的颜色的和像是凹进去的颜色。前者叫做'前进色'，后者叫做'后退色'。"

“接着说。”

“‘前进色’主要是暖色系，如果说用前进色来统一招牌的话，会有使招牌直接跳入眼睛的效果。

‘后退色’大体上来说多是冷色系。招牌使用冷色系的话，看起来要比实际小一些、比实际距离感觉远一些。”（参照P9彩页）

“是啊。比如，甲鱼三木那家店铺在招牌改造前使用的是典型的冷色系，看到招牌的人，应该会觉得比实际招牌要小。所以将其改为暖色系的浅茶色后，招牌看起来就比实际大小要大了。”

山茶堇点点头。

“是的。这一点我也明白。可我无论如何也想不明白的是‘三丁目竹签烤肉’这家店铺。它确实是把白色的招牌改成了暖色系的浅茶色，但是这个招牌上面有一个纯红色的招牌在那儿挂着。这种情况下，为什么‘三丁目竹签烤肉’的招牌会先映入眼帘呢？”

“你有一个倾向，只看事物的一个侧面。”

“请问总经理这是什么意思？”

“听着，招牌并不只是由颜色构成的。必须要看它的整体，看它打出了什么样的信息，又是怎么样表现出来的。”

山茶堇想了又想。

“当然，我看了招牌的整体。”

小山竖起手指，摇摆着说。

"你只是自己这样认为而已。'三丁目竹签烤肉'不仅仅是改变了招牌颜色。"

"这个我也知道。"

"你知道的话，那为什么只局限于颜色？好好看看！改造后的'三丁目竹签烤肉'的招牌整体文字是手写体的吧？而且，通过招牌一眼就能知道是家什么店铺。"

"确实如您所说。"

"还有'所有菜品均价290日元'这一独特的广告语吧？"

"是的。"

"手写体文字加上'所有菜品均价290日元'的广告语，这样的招牌行人会怎么看呢？"

"您说的行人会怎么看是指？"

"是指这块招牌给人一种什么印象？"

"啊？"

山茶堇仔细地盯着照片。

"感觉……"

"感觉这是一家个体经营的店铺。"

小山微微一笑。

"对吧？与上面那块全国连锁店铺的招牌形成鲜明的对比，这是一块不会给人连锁店印象的招牌。"

"您这么一说，我觉得确实也是。"

"也就是说。人不是只对招牌的颜色有反应，而是会瞬间性地把握招牌的整体构成，以此来决定对招牌的印象。令人印象深刻的招牌，一般来说是看起来比较大、离得比较近的招牌，这没什么不可思议的。"

"哦。"

山茶堇深深地点了点头。

"总经理的意思我明白了，我可能是只注意到了一个方面。"

"必须要有开阔的视野。'三丁目竹签烤肉'这个店名其实是我改的。"

"原来是这样啊！"

"要说为什么改成这个名字，考虑到新宿三丁目这个地方的特殊性是原因之一。另一个原因是，我想通过店名让人们很清楚地知道这是家什么店。"

"请总经理具体地说来听听。"

"首先，新宿三丁目这个地方的特殊性。这个地方，过去就是很多个体经营和个性店铺的聚居地，和新宿其他地方相比，街道的氛围多少有些不同。

光临个体店铺较多地方的顾客，可以认为是一些追求连锁店所没有的东西的人。而对什么店都可以的顾客不会来这里，可能会去别的地方。

但是，专门来新宿三丁目吃喝的人，是追求个体店特色的人。在这样的地方挂上连锁店的招牌是失策的，不会为行人所选择。

所以，我想用这个名字来向行人宣传，这是家个体经营的店铺。

用店名做宣传的同时，我想，索性把店里提供什么菜品也在名字里表现出来。"

"真是很有见地呀。所以就有了这个店名，对吧。"

"我干得也不错吧！"

小山抿嘴一笑。

"不愧是总经理呀！"

山茶堇佩服得五体投地。

"总之，我们必须要把店铺的经营理念通过招牌上明确地传达给行人和顾客。招牌，也是把店铺的情感和理念无声地传达给外界的媒体。

如果只把招牌看作是店铺的门牌，它一定会成为单方面传达店铺（即店主和员工）情感的招牌。就像你跟桥本先生说的那种招牌一样，只把店名大大地打出来，或者是写上难懂的英文字母而无视行人视线和心理的、乍一看不知道是什么店铺的招牌。

这样的招牌完全忽略了顾客和行人看了招牌会有什么感觉这一点。招牌，是店铺给顾客的留言、给顾客的承诺。"

小山说着，靠在了椅背上。

"有一个概念叫做店铺文化，你知道吗？"

"略知一二。以前听总经理提起过。"

"哦，是吗？那么，你简单地解释一下。"

"所谓店铺文化，就是店主的想法、员工的想法、顾客的想法、行人的想法达到一致的一种店铺经营形态。"

"简单明了，很好。"

小山微微一笑。

"这四者的想法达到一致，实际上也是成为旺铺的条件。"

山茶堇点点头。

小山也点点头，继续说道。

"店铺文化的基本概念，刚才你说得没错。我下面要说的是店铺文化的具体所指，或者说是用这种思维来设计集客招牌必要性的理论根据。"

山茶堇使劲地点点头。

"店铺，并不是只由经营者构成的。

也不是只由员工构成的。

对店铺感兴趣的行人进入店里，成为店铺的顾客。

成为顾客的行人，对于自己追求的店内服务和舒适的环境以及店铺提供的菜品很满意，就会逐渐成为店铺的忠实顾客。

店铺经营，我们可以认为它归根结底关系到店铺能够增加多少自己的粉丝。也就是能够招揽多少忠实顾客这个意思。

那么就要考虑一件事情。

使店铺兴旺，并不是只要招揽过来顾客就可以。

比如说，通过降价销售来招揽顾客，确实也可以集客。但是，追求低价商品、只看店铺价值以外的东西而来店里的顾客，最终只是哪家店铺便宜就会去哪家的顾客，这就和店铺所追求的顾客层产生了偏离。

以低价位为由因而光临店铺的顾客，在降价销售结束的瞬间就会扬长而去。

为什么呢？因为他们没有成为店铺的粉丝。

让店铺文化成为打造旺铺的条件，需要员工以同样的观点将店主的经营理念以具体的形式活用于实际的店铺运营中，行人在明确认识这些理念的基础上光临店铺，从而成为店铺的粉丝。如此形成集客的循环。

迄今为止的店铺运营，都是以如何'让顾客选择自己的店铺'这一视角来进行的。

但是，我把这种思维方式反过来，

如何让'店铺选择顾客'？

我认为店铺应该用这一视角来经营。

深究集客招牌的原理，无论如何都会到达构建'店铺文化'这一终点，而且这也关联到建立'选择顾客的品牌策略'这一方面。"

山荼蘼坐在能看见国道 1 号线的窗户边儿，与桥本伸一见面。

这是一家距离桥本即将开张的牛肉饼店不远的快餐店。

桌子上，放着"甲鱼 三木"和"三丁目竹签烤肉"的招牌照片。

山茶以这两家店铺的招牌改造为例，为桥本提议即将开张的牛肉饼店应该悬挂什么样的招牌。

"店铺文化?"

桥本一边考虑，一边看着"三丁目竹签烤肉"的招牌照片。

"就是我要搞清楚自己要为谁提供什么样的牛肉饼，对吧?"

"是的，就是这个意思。"

山茶堇微笑着说。

"我想桥本先生做的牛肉饼想让什么样的人来品尝，这一点是很重要的。这样的话，经营理念自然就明确了。将其用招牌打出去，就能够很清楚地向行人和顾客传达您的店铺和店里提供的牛肉饼的特色。"

"嗯。就是说让我希望的顾客光临店铺，对吧?"

"所以，我想请桥本先生说说自己对牛肉饼的想法。"

"这个……"

桥本伸一笑了。

"我基本上都是用自己的方法制作的，但是味道我有自信。

我选用上好牛肉，味道方面，即使是吃惯美食的美食家，我也有自信让他们信服。

和这家店提供的(小声说) 面向孩子们的牛肉饼完全不同，我绝对有自信的。"

山茶堇轻轻地点点头。

"这样的话，可以做成一个像'三丁目竹签烤肉'那样的，直接将'只有这里才能吃到的味道' 这一特殊之处表现出来的招牌比较好。"

"啊……"

桥本再次盯着山茶堇所指的"三丁目竹签烤肉"的照片。

"改造之后，真是家简单明了吸引人的店铺啊！因为在新宿的三丁目所以是'三丁目'，因为是竹签烤肉所以是'竹签烤肉'。

乍一看，确实能够了解到这是家什么样的店。"

桥本自言自语道。

山茶堇看着桥本的表情，最终认识到打造旺铺最重要的不是要在哪儿开店，而是开一家为谁提供什么的店铺。

地名+属性+行业名＝旺铺

桥本伸一考虑的店名是"田町老牛肉饼"。

通过"田町"这个地名，桥本想向行人发出"只有在田町才吃得到"这样一种信息；"老牛肉饼"这样的文字表示是店铺向行人承诺，本店追求的是能够让味觉厚重的成年顾客满足的味道。

光从店名就能充分地表现出店铺的营业理念，桥本很满足。

尽管如此，他也开始认为集客招牌的想法有它的道理。

"科学地分析行人的心理、让行人对招牌有印象并抓住行人的心、设计有逻辑性的招牌……这种集客招牌的想法，可能会应用到今后店铺经营中。"桥本想。

桥本很认真地就设计企划和山茶堇进行了交涉。

经过几次交涉之后，山茶堇拿来了企划书。

"企划书我做好了。请桥本先生先过目。"山茶堇开始进行说明。

"'田町老牛肉饼'位于从 JR 田町站步行 10 分钟范围以内的地方。

虽说它位于沿樱大街穿过小胡同的商业街的背面，但周围有大大小小的写字楼，附近还有庆应大学的校区，我认为是适合餐饮店经营的非常好的地段。

可店铺位于胡同的一角又在地下，这一条件，坦白地说不利于店铺。事实上，这里餐饮店更换得十分频繁。"

桥本点点头。

"是啊。这里很难说是一等地段。"

山茶堇微微一笑继续说道。

"我考虑了这样的店铺应该怎样招揽新顾客这一问题。

为了诱导行人离开大街、进入胡同、来到地下店铺，首先需让行人发现店铺，否则何谈经营。

同一街道沿街虽然也有卡拉 OK 店、按摩店，但大多数还是餐饮店。也就是说，来到这里的人几乎都是以餐饮为目的的，这样想应该没错。

这样的话，必须让来到这里的行人清楚地知道店铺位置、感受到店铺的魅力，让他们在看到招牌的瞬间就会想进去看看才行。

所以，首先在店门前设置外挑式招牌、旗子、立式招牌，让招牌能够进入行人的视线。

位置摆放方面如何处理呢？以下两条为原则。我们要让这 3 个招牌中的 1 个或 3 个全部映入行人的视线。而且要让在这条街上多次通行的行人记住这 3 个招牌。我们要在能达到这两个目的位置摆放招牌。"

"这个不错呀！"

"行人发现了招牌，接下来我们要做的就是让他们认识到这是家什么店、提供什么料理。

为此，招牌上应该打出业态名称，而不是店名。但'田町老牛肉饼'是个稀有例子，刚好它的店名就是业态名，所以在招牌上打出店名就等于告诉了行人店铺的业态。

然后，用'100%近江牛肉'这句话很自然地告诉行人店铺使用的是什么品质的牛肉，这对于行人了解店铺的特色和魅力也有效果。"

"将店铺的魅力清楚地传达出来，对吧？"

"是的。行人对店铺所提供菜品的质量比店铺方想象的还要敏感。所以，清楚地将使用的牛肉品质表示出来，能够打消行人的不安。"

"真是考虑到了行人细微的心理状态呀。"

"招牌不是门牌而是集客装置，所以绝对有必要进行这样的心理诱导。"

山茶堇微笑着说。

"店铺在地下，也就是说是地下店铺。根据我们公司常年积累下来的统计数据显示，很多人觉得与地上店铺相比，不想进入地下店铺。

原因之一，是因为从外面看不到店内的氛围。

于是，我决定用立式招牌把店内的照片打出来。行人看到照片，就能够知道店内的样子和氛围。这样就能帮助犹豫不决的顾客打消不安。"

"嗯，不错。"

桥本不住地点头。

"第一次去地下店铺是会有点儿不安的。用照片来展现店内的样子虽然简单，但这确实有用。"

"也就是让行人有想要进入店铺的感觉。用照片告诉行人店里是这个样子，店里的牛肉饼很美味。"

"田町老牛肉饼"的招牌设置后，顾客数量逐渐增加，尽管是10坪的小店，但1年后每天的顾客数达到70人，每月营业额达到了480万日元。

作为门庭若市的人气店铺，这家店还被媒体竞相宣传。

另外，这家店的牛肉饼制作技术还获得了专利，开始向有意向加盟的店铺提供技术。现在，其加盟店也相继开张。

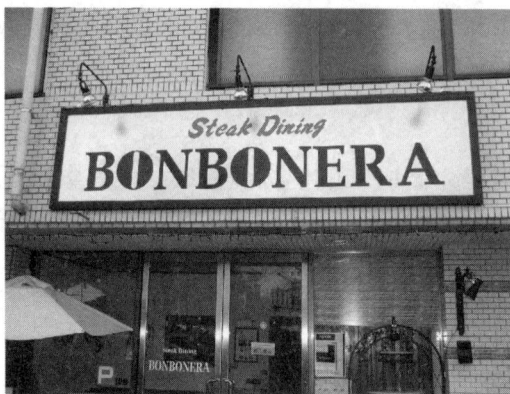

英文字母的招牌外观很时髦，但很难知道是什么
店铺，很难形成行人进店的动机。

图 3-1　英文字母招牌的缺点

能够提供什么料理一眼就能看明白，店内的氛围也传达了出来，
诱导行人进店。

外挑式招牌设计

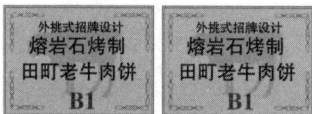

立式招牌设计

篷布设计

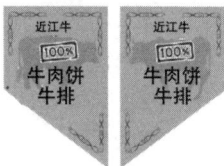

图 3-2　"田町老牛肉饼"的设计企划

第 4 章
曾经被冷落的烤肉店
如何赢得了回头客?

东京都八王子市　金太郎炭火烤鸡肉

"BOOK OFF！"

小山雅明仰靠着椅子，慢慢地说。

"BOOK OFF……就是那家 BOOK OFF 吗？"

山茶菫正在给小山汇报"金太郎炭火烤鸡肉"的招牌设计工作，小山的这句毫不相干的话，让她摸不着头脑。

"BOOK OFF 不就只有那一家吗？"

"是的。"

"你知道吧？"

"我经常去那儿。想要找稍微早一些时候的热销书，在那里很方便。"

"BOOK OFF 创造了二手书这一业态，很快就成为了知名的大企业。"

"是的。很了不起呀！"

山茶菫心想，"金太郎"的工作汇报还没完呢，一边附和着小山。

"十几年前，当我们公司还是个只有几家客户店铺的小规模作坊时，和这家书店打过交道，为他们制作了集客招牌。"

"这个我也知道。"

"这个客户是个要求很严格的客户。"

"哦，是吗?"

"他们对于设计企划的要求细致入微，我们重做了好几次。"

"是吗?"

"那时候人们还不太知道这家书店。"

"哦……"

"尽管如此，这家书店当时就以很彻底的顾客视角开始经营。在招牌的表现和设计上也要求从顾客的视角出发。"

"比如说呢?"

"招牌上书写着'本'字对吧?"

"就是表示 BOOK 吧!"

"对这个'本'字一撇一捺的倾斜程度，他们都有要求。"

"啊……"

"顾客和行人在看到这个'本'字时，瞬间有什么印象、会怎样来看，都是有讲究的。结果，这个'本'字比一般'本'字撇捺的倾斜程度大。让人在字体上感觉到店铺的深度和广度。"

"是很讲究! 连细微的地方都不放过。"

"从顾客那里收购来书，整理干净后放在店里销售，BOOK OFF 是这样一种业态吧?"

"是的。和普通的旧书店不同，BOOK OFF 的特色在于将价值放在'书的洁净'这一点上。"

"也就是说，如果没有顾客卖给店里书的话，店里的经营就无法进行下去。"

"是这样的。"

"为了让更多的顾客卖书到自己的店里，如果是你的话，会打什么广告？"

"嗯……像'高价收购您的书'，这种形式应该是比较好的吧。在店里用 POP 字体把这样的宣传广告打出来等……"

"太一般了！"

"一般？"

"这是谁都能想得到的方法，但 BOOK OFF 不同。"

"有什么不同呢？"

"用的是'请把您的书卖给我们'这样的广告语。"

"请把您的书卖给我们"这句话，象征了BOOK OFF从顾客的视角经营的方式。

参照P15彩页

"这和刚才我说的不是相同的吗？"

"意思确实相同。"

"是呀。"

"但是视角不同。"

"视角……是吗?"

"是的,视角。'高价收购您的书'这句广告语,还是店铺方的立场。我们的店铺高价收购顾客的书籍,这个意思,对吧?"

"店铺要买顾客的书,所以就是这个意思呀。"

"那么,'请把您的书卖给我们'这句话,你觉得呢?"

"这是店铺方跟顾客说,请把书卖给我们,所以是从顾客的视角来说的,是吗?"

小山雅明满意地向站在桌子对面的山茶堇点头。

"这句话有一种'正是因为顾客有处理的书籍,店铺的经营才能正常进行'的意思,听得出来吗?"

"原来如此。"

"看你,还不承认!"

"总经理,没这回事儿。"

"嗯,好了。改变视角的话,相同意思的语言给人的印象也会改变。BOOK OFF 这个店从头到尾都是从顾客的立场来运营店铺的。从这个例子就能够理解。

也就是说,店铺经营重要的是以什么视角面向什么人,并通过明确的、大家都能明白的形式表述出来。"

为扩大顾客层而失去顾客，因致力于目标顾客层而复活

小山留给山茶的第 4 个作业是位于东京都八王子市的一家小规模连锁店——金太郎炭火烤鸡肉店。

山茶首先去看了店铺，然后直接去了"金太郎"总公司和客户进行面谈。

回到公司的山茶堇向在桌子前摆弄电脑的小山汇报。

"店铺在 JR 西八王子站前，地段上没有问题。我想这里是最好的地段。"

"问题是什么？"

"嗯。招牌和店铺的理念不符合。"

"噢？"

小山停下了"啪啪"敲键盘的手，很有兴趣地看着山茶堇。

"光看招牌的话，绝对还不错。应该说，从感觉上来说，是块设计质量较高的招牌。

但是，从招牌挂在店铺那里的状态来看，怎么说呢，有一种冷落的氛围。感觉店铺的外观和招牌不协调，使得店铺本身显得萧条。设计的质量越高，越是让人有这种感觉。"

"你认为为什么会成为这个样子？"

"我想这个招牌过于在意年轻人了。"

"听说他家原本是一家普通的酒馆？"

"是的。以炭火烤鸡肉为主的酒馆。"

"也就是说，这家店铺的目标顾客层不是年轻人，而是工薪阶层和年纪稍大的人们下班后顺道光顾的酒馆。"

"正如总经理您所说。但是据说有一段时期，顾客不再光临，使得其经营陷入了困境。他家考虑到光是以前的顾客层很难集客，为了让更多的年轻人也能光临，就把招牌改造成了现在这个样子。结果，以前的老顾客也不来了，年轻人也没有被吸引过来。"

小山轻轻地摇摇头。

"这是常有的误区。店铺认为扩充门面，客人就会相应地增加，其实这个预测经常是不准的。增大顾客这个分母会导致店铺的特征和文化越来越单薄。店铺经营中有一个彻底贯彻理念的困难。也就是说，构建店铺文化非常艰难，从这个例子我们就能看出来。明白吗？"

山茶董长出了口气儿。

"原来是店铺文化啊！"

"嗯？现在才明白吗？"

"不是。实际上我是听了总经理的话才注意到的。是啊，店铺文化。'金太郎'的时髦招牌失败的原因就在于没有明确地、彻底地贯彻自己的店铺文化。"

小山张着嘴盯着山茶董。

突然，他发出一阵大笑。

"你，你真是有意思呀……我以前就想问，你生来就这样子吗？"

止不住笑的小山终于停下来，咳嗽了几声。

山茶堇小心地咳了一声，满脸通红。

打开手中的笔记本，她继续说道。

"本店原本是以当地人们能够在此放松的酒馆为目标开始经营的。从创业以来直到现在都以炭火烤鸡肉为主。店主希望顾客能一边吃着实惠美味的烤鸡肉，一边开怀畅饮，以便消除今天的疲劳，明天继续精神百倍地工作。他们当初是以这样的理念来经营店铺的。

‘金太郎’这个名字取自过去金太郎的传说。

店主想将这个故事中‘金太郎’开朗健壮的形象作为店铺的印象，即理念打出来。也就是说店名本身就是经营理念。"

小山擦了擦刚才笑出来的眼泪，问道。

"有这么好的理念，为什么店铺文化不明确、不彻底呢？"

山茶堇翻了翻笔记本，回答道。

"‘金太郎’董事长的一番话很有深意。我向他了解了‘金太郎’的历史，即‘金太郎’在发展中的一些经验。这些应该可以回答总经理的疑问。"

小山一边说"哦，有意思"，一边催促山茶堇继续说。

"专务增了和雄与公司总经理增子胜是年纪悬殊的两

兄弟。

听说哥哥胜在八王子市开始经营这个酒馆的时候，大学生弟弟和雄一起帮忙，这是'金太郎'开业的契机……"

"请问增子先生最初开店的时候就在八王子市吗?"

对于山茶董的这个问题，增子和雄点了点头。

穿过 JR 八王子站南口的转盘，在一条狭窄的侧路上有一栋像是民宅似的不高的楼。那儿就是"金太郎"股份有限公司的本部事务所。

山茶董登门拜访的时候，只有增子和雄专务一人在事务所。

不大的事务所里摆放着四张办公桌和一张会议桌，靠墙壁的三面都摆放着文件架，墙上到处都贴着手写的企业理念和营业方针的标语。尽管事务所里只有增子和雄一个人，但是仍然能感觉到公司的活力，这点让山茶董有点儿吃惊。

和增子和雄面对面地坐在会议桌前，山茶董开始和他商谈改造招牌的事情。

"嗯……总经理也就是我哥哥胜，在 1968 年的时候开了八王子市内的店铺。他之前虽说是汽车公司的营业员，可是一直对餐饮店感兴趣。有一天，他突然辞去了工作，在八王子的背街上开了家只有 3 坪的小店，这就是我们经营的开始。"

"请问增子先生和哥哥都是八王子市出身吗?"

"不是不是。"

和雄摆摆手。

"我们出身于枥木县那须。嗯,是乡下人。"

"那么两位为什么来到了八王子市呢?"

"嗯。哥哥确实是在和我们一点儿渊源都没有的地方开了这家店。我当时也问过他,他是这么回答的。

'八王子市呀,有很多山梨县和长野县的人居住在这里,这里对于讲家乡话的人来说是合适的居住地。像我们这些来自地方的人,在这里做生意是最合适不过的了。在适合自己的地方做生意不是很好嘛!'

我这才明白,哥哥的意思是在这里我们不用踮起脚尖做人。"

"现在以八王子市为中心,已经有 11 家'金太郎'的分店,对吧?"

"实际上,曾经有段时间连锁店的数量是现在的两倍呢。"

"哦,是吗?"

山茶堇吃惊地捂住了嘴。

"不好意思。"

"没关系。"

增子和雄摆摆手。

"那时候,我们真是很得意呀!"

"那是什么时候呢?"

"是泡沫经济即将来临之前。当时社会上有一种向着泡沫经济前进的风潮,我们也跟随这风潮,不断地增加了新的连锁店数量。

说起当时的八王子市,街上林立着古老的住宅,酒馆之类的店铺很少。所以,像'金太郎'这种酒馆一开张,那生意真是好啊。并且,当时刚好又是泡沫经济来临的前夜,工薪阶层也好、私营业主也好,自己的小金库都满满的,像我们这种既能吃到实惠美味的烤鸡肉又能喝酒的地方,天天宾客满座也不足为奇。

于是,我们就一家接一家地在八王子市开起了连锁店。

八王子市由于地域宽阔,所以'金太郎'虽说开了很多连锁店,也从来没有出现过分店之间争夺顾客的情况。相反,随着连锁店不断地增加,我们的知名度也越来越高。

当时有一家晚报这样写道:

"不知道'金太郎'的人就不算是八王子市的人。"

我们当时很是得意扬扬,也很狂妄自大。因为媒体报道了我们,我们也算得上是旺铺经营者。

我们趁热打铁,又扩充了连锁店的区域。

从立川市一直开到了东京都中心。

我们的心情就是'向东前进'。

山茶女士知道这是什么意思吗？

20 世纪初的时候，美国因为黄金热而沸腾那会儿，到处流行着'向西前进'的标语。梦想着一夜暴富的男人们都争先恐后地跑去美国西部的黄金矿产地淘金。

以此比喻，我们就是'向东前进！'

现在回想起来那时候的情景，真是有些汗颜。

那个时候，我们只是不断地增加店铺数，却忽略了以'金太郎'作为目标的店铺理念，即消除今天的疲劳，明天继续开朗健壮地努力。当然，当时我们并不是成心那样做的，但结果却一样。

我想，不可否认，那时比起让顾客'开朗健壮'，我们更重视的是尽量让更多的顾客光顾，使店里的营业额增加这一点。

即便如此，因为当时是泡沫经济时代。

什么都不宣传也有顾客光临。

即使服务不太周到，照样也有顾客光临。

所以本店的服务态度慢慢地开始怠慢，料理的质量也开始下降。

泡沫经济就是这样一个时代，这样说好像是把自己的责任推卸掉了，其实正是因为泡沫经济这样一个不正常的时代，我们才应该清楚自己追求的店铺应该是什么样子。

然而，泡沫终于破灭了。

有一天，我去了一家连锁店。

是晚上 7 点钟。

平时应该是顾客正多、正忙的时间。

可是，我看到的并不是那样的光景。

店里的顾客稀稀拉拉，有平时的四分之一吧。

看到这样的情景，我当时只是觉得这也是没办法的事情。

我们认为这是因为时代的缘故，不光是我们，大家都是一样艰难。一种泡沫经济崩溃后的闭塞感充斥着我们的店铺。

各种大大小小的店铺都陷入了同样的状况。

即便如此，我们还是不断地开新的连锁店。

'向东前进！'

但是，我们发现扩张店铺的同时，营业额低迷的分店不断增加。因此我们不得不在开新店的同时，讨论已有店铺的重整。

这就产生了矛盾。

顾客越来越少，却还不断增加新店。虽说同时也重整了营业额不理想的店。

这样一来，各连锁店的营业方针发生了变化。各家店的服务内容和质量都有了差别。

象征着这种变化的有一个小插曲。

2001 年的初夏。

嗯，那件事情我永生难忘。

具体是什么时候，我现在还记得清清楚楚。因为这件事情对我的影响太大了。

一天，一家连锁店的店长，这位店长在我们刚创业的时候就是'金太郎'的员工，满脸失落地来到了事务所。

他只是小声地说了句'辛苦了'，就沉默地坐在了椅子上，表情严肃地翻开了账本。可是，当他视线落在账本上的时候，又马上停下了手。

我在旁边看了一眼，若无其事地问道。

'最近，店里的生意如何？'

'实际上……'他后来跟我说的话让我感觉到从头到脚的血液好像凝固了一样。

他说的是一位店里的老顾客所说的话。虽说不是那种每天都来的顾客，但每个月肯定也是会光顾2~3次。

这位顾客每次来到店里，都坐在柜台前的座位上，每次大概都会待上大约两个小时左右。店长不忙的时候，有时会和他一起聊聊天，是一位熟客。

有一天，这位顾客好像突然想起了什么，问道：

'说起来，我一直有一个想问您的问题。"金太郎"的烤鸡肉是用炭火烤的吗？'

店长有点儿不相信自己的耳朵，情不自禁地'啊'了一声。

'嗯，嗯，是的，我们从创业开始所有的店都用的是炭火。我们一直都是在顾客面前烧烤后上菜的。'

这位店长跟我说，当时他一边这样解释，一边觉得浑身发软。

听了他的汇报，我也一下子觉得浑身的力气都跑掉了。

"金太郎"从一开始，所有的店都是在店内的大厅里用炭火烤肉，并且能让顾客看见，这是我们的特色。如果店铺在街边的话，外面的行人应该都能看见。尽管如此，老顾客竟然问'是用炭火烤的吗'。

我真的是很受打击。

这件事，我想不仅对我，对"金太郎"的所有员工都是致命一击。

因为我们的'金太郎'是'不知道"金太郎"的人就不算是八王子市的人'的'金太郎'呀！

这几年来，确实有营业额不理想的店。

对于这些店，我们都用流行的装修里外重新改造了。但还是没什么效果，因此有些店就关门了。但是我们还是认为这是时代的原因，'金太郎'仍是坚如磐石的。

但是谁也没想到，顾客的心已经离我们越来越远了。

'是用炭火烤的吗?'

顾客竟然说出这样一句话。

这句话让我们不得不认识到，顾客减少不是时代的原因，也不是不景气的原因，而是我们自身出了问题。

于是我们马上停止了新店铺的扩张，开始对全公司的已有店铺进行改善。

我和哥哥参加了贵公司的经营研讨会，在那儿学到了一些东西，并立刻将其导入到了店铺经营中，且积极地考察了一些旺铺。

我们感觉到光靠自己能力有限，马上又咨询了专业人士，鼓励员工一起致力于改善店铺现状。

但还是没有效果。

过了一阵子，有一次我开车去巡视各家连锁店。

我发现路两边的景色与过去大有不同。

过去曾经是田地的地方，现在到处林立着住宅楼和公寓楼。

等红绿灯的一对夫妇推着婴儿车，高兴地说笑着。

到处都盖起了新楼房，人潮也和过去不一样了。

突然，我想到。

八王子市也一样，住在这里的人发生了很大的变化。和哥哥开始经营店铺的时候相比，时代变了、人也变了。

说起来这也是必然的事情。

可是，我们当时竟然没有注意到这理所当然的事情。

时代变了、人也变了，我们却还在做着和过去一样的生意。

顾客减少了，我们就想应该迎合时代，在店里加入流行的设计和装修。

不久之后，又落后于时代，顾客减少。

我们才发现，我们一直在重复着这个循环。

我们才知道自己已经没有了主心骨。

这个主心骨就是，哥哥在创业时面向顾客树立的"开朗健壮"这一理念。

我们忘记了初衷，被时代牵着鼻子走。

我们一直以来所做的就是这样，那时我才意识到。"

增子和雄喘了口气，拿起眼前的茶杯喝了口茶。

山茶堇也拿起自己面前的茶杯，茶水还有温度。

"所以这次我们委托贵公司改造的是八王子市南口店的招牌，这是'金太郎'的总据点，就是这样。"

"结果，果然还是……"

小山雅明说。

"是什么？"

山茶堇问到。

"也就是说，店铺经营最重要的是要以直观的、大家都能明白的形式，把面向什么人开的什么店这件事情明确地表示出来。"

"是的。刚才总经理也说过了。"

"重要的事情是应该多重复几遍的。"

"不好意思。"

"BOOK OFF 从开业以来，一直很彻底地以顾客的视角进行着店铺运营。以顾客的视角，这话说起来简单，实际做起来必须要付出很多的辛劳。"

"辛劳?"

"是的,辛劳。以顾客的视角来经营,最重要的一点是什么,知道吗?"

"是什么呢……规章制度吗?"

"是人才。"

"高水平的员工。"

"对。正式员工不用说,兼职员工也需要提高水平。为了培养这样高水平的员工,BOOK OFF 加强了公司内的培训系统。

所以,不管他们再怎么增加分店,主心骨不会偏离。这样常年积累下来的'顾客视角的店铺营业'已经成为了BOOK OFF 的店铺标志。"

"店铺标志吗?我第一次听说。"

"嗯,这是我刚创造的词语。'地标'这个词听说过吧?"

"当地的一些目标性建筑,或者是代表当地特色的一些地方。"

"对。同样,我把代表某企业特征和文化的经营理念叫做店铺标志。"

"我不太明白,但请您继续说。"

"BOOK OFF 的店铺标志就是以顾客视角来运营店铺。那么,'金太郎'的店铺标志呢?"

"开朗健壮吗?"

"对吗？"

"是的。"

"他们说过想要回归原点吧？"

"是的。"

"他们的原点在哪儿？"

"创业时的店铺吗？"

"不是。"

"不是吗？"

"街道在变、时代在变，可是店铺一成不变，这是不可能的。这一点，在你做科潘咖啡店招牌的时候，应该学到了吧？"

"是的。"

"街道、时代的变迁，也就是人潮的变迁。也就是说，嗜好和兴趣也在变化。"

"嗯。"

"但是有一样东西是不变的，那就是以顾客视角来运营店铺。

刚才说过 BOOK OFF，'高价收购书籍'是店方立场，'请把您的书卖给我们'是顾客方立场。"

"是的，我记得。"

"在考虑作用于店铺方的集客招牌时，不要忘了有 3 个视角。"

"3 个视角？"

"首先是店铺视角。这是店铺单方面传达给顾客的信息。店铺方的'我'传达给顾客，从这个意思上来说是'第1人称'。"

"第1人称吗?"

"第2点，传达给第2人称的'你'的信息。这个'你'指的是谁呢?"

山茶堇冥思苦想。

"是指顾客吧? 可又觉得不是。"

"就是指顾客。"

"哦，是吗?"

"是的。"

小山微微一笑。

"光临店铺的'你'，实际来店铺里的顾客，我们称之为第2人称，即顾客的意思。"

"是的。"

"接下来是集客招牌的另一个重要的方面，就是第3人称。'他、她、他们、她们'。"

"哦，明白了。就是指行人。"

"答得好!"

"原来如此，很好理解。也就是说，制作普通招牌的时候，只是从店铺方的立场和想法来考虑，所以总归是第1人称的立场。像 BOOK OFF 的'请把您的书卖给我们'这种考虑却很少，这是错误的。"

"招牌是将行人变为顾客的东西，对吧？"

"是的。"

"这样的话，就有必要从行人的立场来用招牌表现自己的店铺。"

"是的。"

"行人是店铺的潜在顾客，也就是非顾客。非顾客就是指'可以成为顾客但却还没成为顾客的人'（彼得·德鲁克提出的）。这不仅仅是集客招牌的问题。'金太郎'的问题，最终也是这个问题。

'金太郎'的专务说要回归原点。

这并不是说要回到过去的那种经营方式。

这不就是指好好地打造出店铺标志，进行第 3 人称的营业这个意思吗？

这样的话，你要做的就是怎样把它用招牌表现出来，明白了吗？"

把店铺理念用招牌传达出来，目标顾客层就会光临

一周后。

山茶董带着设计企划，又来到了"金太郎"本部事务所。

还是和上次去的时候一样，只有专务增子和雄一个人

第1人称：经营者

想让店铺宽敞
舒适，让人觉得
放松！

啊，让人觉得放
松，又这么宽敞，所以
我喜欢这样的店。

第2人称：顾客

哦，发现了一家看
上去宽敞舒适、让人觉
得放松的店，这正是我
要找的！

第3人称：行人（非顾客）

图4-1 建立了店铺文化的店铺状态

在等她。

很快地寒暄之后，山茶堇就把企划书打开放在了桌子
上，开始说明。

"上次过来之后，我就去实际看了一下八王子市内的
店铺。"

"是吗？辛苦山茶女士了！"

增子和雄微笑着递过来一杯茶。

山茶堇轻轻地点点头，继续说道。

"那周围都是餐饮店，感觉是酒馆竞争激烈的地区。

八王子市内的'金太郎'旁边就是一家全国连锁的酒馆，一直听说竞争激烈，看了之后我也能够理解了。

店铺是一眼就能找到，但是我觉得有什么地方不协调。

是哪儿呢？我马上就想到了，是店铺悬挂的招牌。"

"我们的招牌不协调，是吗？"

"是的。坦白地说，我感觉不协调。只看招牌的话，绝对不是块坏招牌。反而，从感觉上来讲是块质量很不错的招牌。

可是，从招牌挂在店铺门前的状态来看，怎么说呢，有种被冷落的气氛。店铺的样子和招牌的质量不搭配。

招牌，白底黑字，店名'きんたろう'（'金太郎'的日文假名拼写）用格调很高的书法字体大大地打出来了。

店名前面，在红色长方形里写着'备长炭'，表示是使用炭火烤肉。

是块很时髦的招牌。

我认为很有气质。

可是，顺着招牌往下看到店铺入口的时候，就觉得哪儿有点儿不协调。

时髦的招牌和店里实际的氛围，感觉完全不符合。"

"时髦的招牌和店里的氛围不符合，是吗？"

"这是我觉得不协调的地方。"

"嗯。"

增子和雄点了点头。

"我也经常有这种感觉。"

山茶堇微微一笑。

"'金太郎'的经营理念，正如金太郎的故事给人的印象——'开朗健壮'，这是上次您告诉我的。您还说店名也是结合这个理念起的。

'开朗健壮'的金太郎为什么要用这样的招牌呢？

当然，精心设计没有什么不好。可是，我想让您的店铺打出自己的特色。

集客招牌不是店铺的门牌，而是集客装置。

招牌本身如果没有明确地将店铺的特色以及营业理念表现出来的话，就起不到向行人诉求的效果。

为什么呢？因为无视招牌设计的原本意义的话，尽管招牌设计质量很高，但构建不起店铺文化，所以不能向行人及顾客提供正确的信息。

行人和顾客先要判断店铺的位置、店内整体氛围，然后才决定是否进店。

假设行人看到这个招牌，带着'这家烤鸡肉店能提供时髦的吃喝'这种印象来到了店里。可是进来一看，和时髦相反，这却是一家能够'开朗健壮'地吃喝的餐饮店。

这样一来，冲着时髦的招牌而来的人会感到失望。

当然也有相反的情况。

他们是想'开朗健壮'地吃喝的人，但看到时髦的招牌，感觉店铺和自己所希望的有出入。因此而离开。"

"确实是这样。"

增子和雄不断地点头。

"正如山茶女士所说。"

"所以，"

山茶堇把企划书拿给增子和雄看。

"我考虑了以下几点有必要改善的地方。"

1. 设计与店铺的营业理念相符合的招牌。
2. 不使用艺术设计。
3. 使用不被周围所埋没的颜色来统一招牌。
4. 灵活使用"金太郎"的人物形象。

"招牌的设计必须要传达店铺真实的状况和魅力。

招牌再时髦，如果不能向行人诉求、不能传达店铺的理念，那就不是集客招牌。将行人变为顾客的集客招牌必须是能够诱导行人心理的招牌。

'金太郎'这一店名本身就代表了营业理念，而制作出符合店名的人物我想是提高向行人诉求的有效手段。"

"也就是说，把从创业时就有的'金太郎'理念，即'开朗健壮的烤鸡肉店'，这一根本理念简单明了地向行人传达出来，是这回事儿吧?"

"是的。"

山茶堇笑着点点头。

"越是老字号的店铺，越需要明确选择顾客的品牌策略，就是店铺文化。

店里提供什么样的服务、店里的服务想让什么样的顾客享受，店主应该一边思考这个问题一边使用招牌等媒体向行人传达这些信息。

其实有这样一个观点。

谁都会光顾的店铺，最终会成为无人问津的店铺。

这是我们公司的小山总经理平时常说的一句话，我们就是以这句话为基础为客户设计集客招牌的。

明确目标，根据目标准确地构建店铺理念，再用集客招牌把它向外界传达出去。这就是我们的工作。"

以东京都八王子市内为中心扩张店铺的"金太郎炭火烤鸡肉"全面改造了招牌，将招牌改成了大家都能明白其经营理念的简单招牌。

这家店丝毫未受 2011 年东日本大地震的影响，招牌改造后，营业额达到了上一年的 110.6%。

虽说增收不是很多，但增子和雄认为，这是从小的进步开始长远发展的"金太郎"作风。

不勉强自己追赶时代的潮流、不忘记自己的原点、永远为顾客提供实惠美味的炭火烤鸡肉……增子和雄将这些理念谨记在心，期待着店铺脚踏实地的成长和发展。

招牌必须明确地表达店铺的理念，使店铺希望招揽的顾客群光临店铺。这是一家酒吧。店主的经营理念是，希望有童心的顾客光临并希望与顾客共同发展。为此，我们将店主的心思用酒吧的商标做成招牌来代言。仔细看猫的插画招牌，插画其实是酒吧的英文名字。看到招牌的行人，在注意到这一有趣设计的同时，也会对酒吧产生兴趣。

图4-2　汤姆酒吧

第 5 章
一等地段的美味拉面店
为什么生意冷清?

东京都港区 北方大草原拉面店

"今天想吃拉面！"

小山雅明小声嘟囔着。

办公室里没几个人，空的桌子很显眼。

和客户碰头、监督施工现场、和业者沟通、监督加工厂加工等，大家因为各项工作在跑外围，不在公司。

尽管如此，公司里还有十名左右员工在工作。

施工管理员正在对着电脑打文件。

销售员正在汇总资料。

营销员和设计师在会议桌前商议具体事宜。

新入公司的职员正在接电话。

每个人看起来都忙得不亦乐乎。

过了正午 12 点半的本部 2 楼办公室。

小山在自己的办公室里慢悠悠地转来转去，又看了看正在忙碌着的员工们，他满意地点了点头。但是大家都是在来公司上班的时候问候一句"总经理好"，然后就各忙各的了，没人理会自己，小山觉得有点儿无聊。

"已经中午了，大家不去吃午饭吗？"

小山向埋头对着电脑的员工们问道。

"哦，不了总经理，等把手头的活儿忙完了再去。"

一名员工看了一眼小山回答道。

"大家辛苦了!"

山茶堇边说边风风火火地走进了办公室。

"啊,总经理辛苦了!"

看到小山无聊地站在办公室中央。

"总经理,之前您担心的那家拉面店现在生意不错哟。我刚在那里吃完午饭回来。"

山茶堇说完笑了。

小山听了后,像自言自语似的说了一句:

"是吗,不错吗……"

然后就一声不吭地走出了办公室。

"总经理今天怎么了?"

山茶堇莫名其妙地看着走出去的小山,问道。

"总经理是想和谁一起吃午饭吧。好像是想去吃拉面哟。"

那个刚才和总经理说话的员工笑着说道。

"山茶不假思索地一边说拉面好吃一边回来了,我想总经理是听了心里有点儿别扭。"

"哎呀……"

山茶堇叹了口气。

"总经理有时候真像个小孩儿呀。"

"总经理,您找我吗?"

山茶堇刚一走进小山的办公室，就看见站在桌子前的小山。他双手叉腰，大声说道。

"拉面！山茶！"

山茶堇轻轻地关上办公室的门说。

"拉面吗？知道了。但是我才刚吃完，不好意思请总经理您自己去吧。"

"谁说想去吃拉面了？"

"不是吗？"

"我说的是你这次负责的企划！"

"啊？哦，北方大草原拉面店吗？"

"进度如何呀？"

"总经理，"

山茶堇对一反常态的小山说。

"首先，您先去品尝一下吧。我陪您。"

"你不是刚吃完回来吗？不用勉强陪我！"

"不，请一定让我和您一起去。"

然后她又小声自言自语道："不快点儿让您去吃点儿什么，您这脾气可让人受不了呀。"

那家拉面店从地铁赤坂站出来步行约五分钟。

那里是餐饮店众多的地段，对面街道是赤坂电视台，这是赤坂的一大标志。

这里是一等地段。

拉面店就在从正街进入一条侧街的一角。

拐弯处。

工作日的中午 12 点半。

山茶薰故意挑个店里比较忙的时间段，来到了赤坂的北海道酱汤拉面"北方大草原"。

这家店委托爱和广告改造招牌，小山命令山茶薰负责这次的改造企划。

正好是午饭时间，街上满是公司职员。大家都在想今天午饭吃什么，看到不错的菜单招牌就会进入店里。

看到"北方大草原"了。

和周围嘈杂热闹的店铺相反，"北方大草原"凸显着一种静谧的气氛。

不，不是静谧，是走向"北方大草原"的人流很少。

他俩从店铺外瞅了瞅店里。

这里的顾客数明显很少。

选择空间很大的店铺，行人却感受不到其魅力

"听着，山茶。"

前两天跟山茶一起在另外一家拉面店吃饭时，小山雅明把酱油拉面的汤汁喝了个干干净净。今天，已经吃完午饭的山茶不得已又要了一碗大酱汤拉面，真是有点儿难以

130

下咽。

小山说："这家店，就是家普通的拉面店嘛。味道不赖、价格也实惠。但是来的顾客不是很多。"

"总经理！"

山茶堇竖起食指放在嘴上。

"您声音太大了！"

说着，她环视了一下店里。

店里的顾客大概有满员时候的80%左右。

工作日的午饭时间。

店员从柜台端着拉面送到各位顾客面前。

"听不到的。这家店的拉面确实不赖，可是为什么顾客不多呢？你知道吗？"

山茶堇又一次环视了店里。

"嗯……是不是因为大家不太知道这家店呀？"

"是不知道这家店的存在？还是不知道拉面的味道？"

"我想可能两者都有吧。"

"嗯，也有这种可能。可是，应该有个最重要的因素。"

"是什么呢？"

"你吃的是什么拉面？"

"酱汤拉面。"

"我吃的是酱油拉面。"

"是的。"

"看一下店里的顾客，既有要清淡的原味拉面的，也有要浓重的排骨拉面的。店里的菜单上还有汤面、担担面、港式拉面等，种类真是齐全呀。你怎么想?"

"嗯，选择项很多，挺好的呀。"

"也就是说能吃到各种味道的拉面，很方便。"

"是的。在一家店里能吃到各种味道的拉面，不是很方便吗?"

"真是这样吗?"

小山雅明靠在椅子背上。

"能吃到各种味道的拉面，也就是想使喜欢不同口味拉面的人都成为店铺的顾客，对吗?"

"我认为是这样的。"

"无论谁都可以在这里品尝拉面，这个想法是店铺的理念，是吗?"

"是的。"

"再看看店里。"

"顾客数很少。"

"店里有这么丰富的菜单，可顾客很少，这是怎么一回事儿?"

"味道也不错，这是为什么呢?"

小山抿嘴一笑，拿起账单起身站了起来。

"为什么呢? 你这次的任务是改造'北方大草原'的招牌。现在看来，我觉得你和这家店有一个共通的问题。如果你能找到问题的话，任务就算成功了。"

山茶堇站在离"北方大草原"稍微远一些的地方，看着周围的人流。

想要吃午饭的顾客很多，他们的身影不断地消失在各家餐饮店里。

她又看了看"北方大草原"的店面，感觉给人一种陈旧的印象。红色的招牌并不是不起眼，可是看到这个招牌，虽然知道这是家"北海道风味拉面"的店铺，却不知道是什么样的拉面。另外，其红色招牌给人一种哪里都有的、全国连锁店的印象。

然而这是家个体经营的店铺。

尽管如此，看起来却并不像个体店铺。

街上的人流络绎不绝。

但在山茶堇观察的这 20 分钟左右的时间里，进入"北方大草原"的只有 3 人。

也有在店门前驻足的行人，但是他们只是停下来看看菜单，就又离开了。

小山的话从脑袋里一闪而过。

"店铺为了集客做着各种努力。但是大部分的努力方向都是错误的。"

小山还说过。

"为了增加客人而扩充店面的话，顾客的质量就会降低，走出店铺的顾客就会增加。"

山茶堇一边思索着小山的话，一边走向了地铁站。

她在四谷三丁目站下车，走向片町方向。

虽说已是听虫鸣知秋意的时候了，但秋老虎丝毫不肯示弱，太阳毫不留情地炙烤着大地，还没走5分钟山茶堇已经出汗了。

沿着外苑东街缓缓地拐弯下来，走到靖国街左转，再向着昭桥方向走过去，面前出现了一栋不高的杂居楼，"北方大草原"的本部事务所在6楼。

出了电梯，就是事务所。

"北方大草原"的店主高海正正在等着山茶堇。

店主个子高高，一脸和善。

"哎呀，不好意思，让山茶女士特意来访。"

山茶堇坐了下来，

"哪里哪里。占用您宝贵的时间，我应该感谢您。"

她客气地回礼说道。

"那咱们就进入正题吧，我想听一下高先生您对赤坂店招牌改造有什么要求。"

"嗯……"

坐在桌子对面的高海正沉思了一会儿。

"赤坂店开业已经4年多了，顾客数总是不理想。当然也并没有出现赤字，但也没有什么盈利。基本上就是持平。嗯，这样的状态持续了 4 年，公司有人认为既然没有盈利的话，还不如把赤坂店关了。"

"也就是说高先生您在考虑关店吗？"

"有人这么说。实际上因为店里没出现赤字，大多数员工的意见还是想要保留赤坂店。"

"是吗？实际上我在来这儿之前，去看了下赤坂店。"

"山茶女士觉得怎么样呢？"

"确实，午饭时间的顾客不是很多。"

"嗯……"

"我站在能看见店铺的地方观察了街上的行人，尽管赤坂店位于一等地段，不知道为什么不是很显眼。

当然，红色的招牌很突出。

但是行人就好像没看见似的，不断地从店门前走过。

我想了一下，觉得招牌是很大的一个原因。毫无疑问行人没注意到招牌，即使注意到了也不想进店。"

"因为招牌？"

高海正挽起了胳膊。

"山茶女士说赤坂店顾客数不见增加的原因在于招牌？"

"是的，我是这么认为的。"

"如果改变招牌，集客数会有所增加吗？"

"如果能做出合适的集客招牌，毫无疑问会改变集客数。当然，这个改变是指增加集客数。"

山茶堇微微一笑。

"只是具体的企划要在采访完高先生以后来制作，现在我们能谈的，就是为什么现在的赤坂店不被行人注意，即为什么行人不感兴趣。"

"请山茶女士具体解释一下。"

高海正很惊讶。

"当然。"

山茶堇点了点头。

"首先请允许我跟您解释一下集客招牌是什么。"

高点了点头，挺直了腰。

"所谓的集客招牌，简单地说就是使行人成为店铺顾客的招牌。为了使行走在街上的不特定的行人成为特定的店铺的顾客，必须要了解行人的心理和感受。

大部分招牌在设计上只是融入了店铺方的情感和状况，没有考虑行人看了之后会怎么想、有什么反应。

使集客招牌有效地吸引行人有一个基本理论，我们称其为'3阶段几率论'。

1. 使行人发现店铺（的招牌）
2. 使行人感觉到店铺（的招牌）的魅力
3. 诱导行人看到招牌后自然地进入店铺

提高这3个阶段的几率，就能戏剧性地增加集客数。

就是这样一种理论。

各阶段分别被称为'发现几率'、'魅力几率'、'诱导进店几率'。

那么，我看到赤坂店的时候，立刻发现它的'发现几率'从店铺的地段来看不算差，问题是它只是'能够被发现'。

但行人发现招牌的意思却是，能够在看到招牌的瞬间了解店铺能够为顾客提供什么。从赤坂店的情况来看，行人虽然能够明白店铺的业态是'北方大草原'和'北海道风味拉面'，但是招牌却没有打出在店里是否能够吃到美味的拉面这一服务内容。

这样，行人即使是看到了'北方大草原'这一拉面店，也不会产生进店的动机，就会离开。

实际上，在我观察的时间段里，很多行人都抬头看了'北方大草原'的招牌。可是就像我刚才说的，只是看了一下，就离开了。

这就是招牌并没有具备真正意义上的'发现几率'的证据。"

"一般的行人是这样来看招牌的吗？真不敢相信，竟然会看店铺提供什么样的服务。"

"打个比方，高先生请您想象一下自己身处一条不是很熟悉的街上。"

"嗯。"

"比如您想在那里吃晚饭。"

"晚饭吗?"

"高先生首先会怎么做?"

"嗯……"

高稍微考虑了一下。

"首先看看自己所在的地方是否有餐饮店。"

"如果没有的话?"

"总之走走看吧,边走边找。"

"那您找的时候是以什么为依据呢?"

"啊,原来如此。招牌确实是很大的依据呀!"

"以招牌为依据来寻找的话,你会看招牌的哪里来决定是否进店呢?"

"是什么店、有什么菜单、是什么格局的店……这些地方吧。嗯,我明白山茶女士想要说的意思了。行人看招牌时,确实是以招牌为依据判断这是家提供什么的店铺的。"

"是的。但是一旦给自己经营的店铺打招牌时,大部分的店主都会忘了行人的视线。所以,行人即便是看了招牌,也经常不会留下什么印象。"

"赤坂店也是这样的吗?"

"很遗憾,是的。"

"哦……"

高海正挽起胳膊冥思苦想。

"山茶女士还有没有注意到另外一些地方？"

山茶堇微微一笑。

"我认为人们之所以进店的脚步犹豫不决，原因在于'北方大草原'所提供的拉面特色从店外看不出来。

这就是'魅力几率'的问题，如果从招牌和店外的样子不能很清楚地了解到店里所提供的料理和服务的话，大部分的行人会感觉不到店铺的魅力，从而扬长而去。

在有很多选择项并且需要在瞬间做出选择的状况下，我们知道人的心理倾向于选择有具体印象的一方。

因此，就需要用招牌将店里提供的服务和菜单以让行人瞬间就能留下印象的形式打出来。也就是必须要让行人注意到、认识到。

另外，现在赤坂店的招牌给人一种全国连锁店铺的印象。这个原因在于招牌的颜色和店名的书写方式。

连锁店＝稳定的味道＝统一化的味道，这是一般的印象，这也正是连锁店所特有的长处。像'北方大草原'这样主张自己特有风味的店铺，被行人这样误解的话，对店铺经营是非常不利的。

还有，这样的招牌乍一看，给人一种陈旧的感觉。

另外，店里有什么菜单、提供什么服务，这些完全没有在招牌上体现出来。从集客招牌的观点来说，这种现状不能不认为有许多需要改善的地方。"

"总经理您真是喜欢拉面呀!"

山茶堇一走进总经理办公室就大声说道。

"什么? 突然来这一句?"

小山雅明吓了一跳,从电脑后抬起了头。

"不是,前些天总经理布置的课题,我觉得找到答案了。"

"课题?"

小山诧异地看着山茶堇。

"我给你课题了吗?"

"在拉面店吃拉面的时候,您不是说过了吗?"

"说什么来着?"

"味道也好、价钱也好都还算好,为什么没有顾客光临? 我认为只要找到了这个问题的答案,就能解决'北方大草原'的难题。"

"啊,啊……那个。我确实记得出过这样一个课题。"

小山点了点头。

"那么,答案找到了?"

"大概吧。其实我今天刚从'北方大草原'面谈回来。当时,店主高先生叹着气说。

'我们的拉面使用的是和大酱店共同开发出来的特制烘烤大酱,风味独特、醇香浓厚,我可以自负地说,这是别的酱汤拉面所没有的味道。可是这一特色却没有传达给顾客。'

当时我指出'看了赤坂店的招牌，这一"使用烘烤大酱来制作拉面"的特色，在招牌上没有打出来'。

'赤坂是交通量很大的场所，我想让更多的顾客光临店铺。人们的口味不尽相同，如果把使用烘烤大酱制作的酱汤拉面在招牌上打出来的话，我认为喜欢其他口味的顾客就不会再来店里，所以故意没有把它打在招牌上。'

我听到这一席话才明白过来。

啊，前些天总经理您在拉面店所说的意思就是它。

'并不是扩大门面顾客就会增加。扩大门面，也有使喜好店铺特色服务的顾客离去的情况。这样一来，单纯地扩大门面，反而有可能使顾客越来越少。'

真是如您所说，我发现'北方大草原'就发生了这样的情况。同时，前些天我们去的拉面店由于菜单种类过于繁多，反而造成了顾客难以进店。我终于明白了。"

小山呆呆地听着山茶堇的热情阐述。

"山茶你也开始学会思考了嘛。"

小山颇有感慨地开口说。

"你原先只会循规蹈矩，现在变得开始用脑思考了，我很欣慰。"

"谢谢总经理夸奖。"

山茶堇轻轻地咳嗽了一下说道。

"行人确实是潜在的顾客，但想要让所有的行人都成为顾客，实质上是不可能的。我实际上是今天才第一次发觉。"

"这是个常有的圈套。

集客招牌，确实是将行人变为顾客的装置，但它并不能将所有的行人变为顾客。因为每个人的兴趣爱好不尽相同。

尽管如此，我们还是想将所有的行人变成顾客，结果就做成了没有任何效果的招牌。

必须用心。

如果想让所有人成为顾客，那么谁也不会成为顾客。

电视节目也是如此。

让所有人都欢呼喝彩的节目是绝对制作不出来的。

有人喜欢就有人不满。

这是正常的。

想要取悦所有观众，就会成为无聊的电视节目。实质上，最大公约数是没有意义的。"

山茶堇听着直点头。

"明白了，我会铭记在心。今天真的有一种豁然开朗的感觉。

没有招牌能满足所有的人使之成为店铺顾客，把店铺的理念、特征以及商品清楚地打出来，只将能有共鸣的人们作为店铺的顾客，就能打造出一家旺铺，这一点我终于明白啦。"

小山高兴地直点头。

山茶堇在那次谈话后开始拼命地做企划，与设计师协调、再修改，最后做出来的招牌改造企划如下：

1. 将店铺的特色商品"醇香酱汤拉面"打出来。

旧招牌完全没有把店铺的特色商品在门前宣传出来。所以，在招牌上不加店名，而是加上店铺引以为豪的"醇香酱汤拉面"。

一般的招牌经常会犯的错误是，在招牌上把店名大大地表示出来。

其实对于行人来说他们感兴趣的不是店名而是店里能"提供什么"。

因此，将招牌改造成一眼就能明白店铺的特色商品"醇香酱汤拉面"的形式。

2. 用招牌底色表达店铺理念。

店铺的理念是"北海道大草原上坚强的父亲手工制作的特色酱汤拉面"。

为了让人们对这一理念留下印象，招牌底色使用暖色系的荧光灯色调色，营造出木纹的感觉。这样的店名和招牌的底色能够给人一种"大草原上的小木屋"的印象。

3. 打出让人垂涎欲滴的大照片。

比起文字信息，现代人对照片信息更为感兴趣。与其只用文字在门前打出"醇香酱汤拉面"，在招牌上打出看起来很美味的真实拉面照片，就会给行人留下深刻的印象。

所以把两张壁挂式招牌全面改造，打出冒着热气的"醇香酱汤拉面"的招牌。

这样的照片有刺激行人味觉中枢的作用。不仅如此，"北方大草原"是家什么店、提供什么样的商品，这张照片可以通过感官直接告诉行人。

4. 用手写体突显"特殊感"。

店铺的理念之一"坚强的父亲手工制作的特色酱汤拉面"，这一点可以通过独具匠心的字体来表现。

旧招牌使用的是普通字体，毫无疑问会给人一种连锁店的印象。

因此，新招牌通过手写体文字强调店铺的独一无二性，告诉行人这里提供的是独一无二的商品。（参照 P16-P17 彩页）

减少选项，用招牌味道来吸引顾客

看了山茶堇带来的企划书和使用实际照片合成的海报模样，高海正"噢"的一声深深吐了口气。

"原来如此。印象和以前大不一样呀！"

"是的。"

山茶堇坐在和上次同样的位置，微笑着答道。

"所有需要改善的地方都是从行人的角度考虑的，才做成了这个设计企划。我想高先生您也比较满意吧？"

"嗯，是的，我很满意。有一个问题可否请教下？"

"嗯，高先生您请说。"

"能具体说一下为什么会做成这样的设计呢？我想知道，这是否融入了山茶女士上次所说的'3阶段几率论'呢？"

山茶堇露出了从未有过的笑容，开始说道：

"赤坂店位于餐饮店林立的一等地段。背后就是电视台和其运营的影视娱乐中心，客流是没的说。

尽管如此，顾客较少的原因是什么呢？

并不是客人对拉面的味道评价不高。

在拉面食客之间，店里的'醇香酱汤拉面'有着很高的评价。

原因很简单，新顾客的减少是最大的原因。

也就是说，面向来来往往的行人，店铺没能告诉他们店里招牌商品的魅力。

店铺在拐角处，被行人发现的几率非常高。

但是新顾客在减少。

这里应该有很明显的原因。

我想您看一下店铺的招牌就会明白。

恕我直言，上次我也指出过，赤坂店的店面乍一看容易被误解为是哪里的连锁店。

从红底白字写着的店名上虽然可以知道这是家提供北海道风味的拉面店，但是从中却看不出是什么样的拉面、有什么特色。

门前的两幅壁挂式招牌也一样。

黄色的底色上画着绿色的北海道地图，想借此来打造大草原的印象，很遗憾却让人感觉陈旧廉价。这么说真的很抱歉。

这样的店铺门面让没在店里吃过拉面的行人看的话，难道不会让人们联想这是家'普通的、味道一般的拉面店'吗？

至少，行人不会觉得这里是家能让人专门过来品尝的店铺。

可是食客对'北方大草原'的招牌商品'醇香酱汤拉面'的评价还是相当高的。但是店铺却没有把这一信息很好地在招牌和店门前表现出来，所以大部分行人进店的脚步才会踌躇。

行人是通过观察招牌和店门前的氛围来决定是否进店的。

换一种说法，行人只是以店铺的外观进行判断，无意识地考察店铺对自己是否有意义、是否不会浪费时间和金钱。

面向行人的招牌并不是打着店名的门牌。

招牌必须是将行人变为顾客的集客装置。为此，招牌必须将店铺的卖点和特色，以及有关服务的想法向外表达。

也就是说，店铺需要通过招牌构建店铺文化。

在制作'北方大草原赤坂店'的招牌改造企划时，最花时间的就是如何把店铺的卖点、特色及服务以简洁的表现和设计用招牌打出来。

我想尽可能地让更多的顾客光临，哪怕一个人也好。

从这样的考虑出发，我做出了今天带来的这份企划。

1. 瞬间能够了解'北方大草原'提供的商品＝提高发现几率。

2. 使用烘烤大酱制作的店铺招牌拉面——醇香酱汤拉面，用让人垂涎欲滴的照片打出来，向看到它的行人感性诉求＝提高魅力几率。

3. 用两幅巨大的壁挂式招牌营造'大草原的小木屋'的氛围。让来到店前的行人自然地想要进入店里＝提高诱导进店几率。

这'3阶段几率论'的各要素全部融入在里面。"

山茶堇喘了口气，继续说道。

"我认为想要明确地打出店铺的理念，选择符合这一理念的顾客才是最重要的。

想要让喜欢吃拉面的所有人都成为顾客是不可能的，

也是不现实的。因为人各有所好，店铺不可能做出引起所有人共鸣的拉面。

所以准确地打出店铺的理念，向希望光顾的顾客明确地诉求就是一件重要的事情。

集客招牌，不是无论是谁都能成为顾客的意思。

它只会使赞同店铺理念及文化的顾客，即和店铺有共鸣的行人成为顾客，这才是集客招牌。

这换一种说法，也可以叫做'选择顾客的品牌策略'。

经久不衰的旺铺，无论哪一家都是以这一'选择顾客的品牌策略'来经营的。我想让'北方大草原'也成为不卑不亢地选择顾客的店铺。

招牌，也是堂堂正正地对外宣告自己理念的东西。

'北方大草原'这一醇香、独特的酱汤拉面店应该将这个特色商品用招牌推出，使其成为想吃酱汤拉面的人的店铺。"

"哦，原来如此。"

高海正深深地点了点头。

"但是，说实话，仅凭这一种商品作为卖点没有问题吗？我有疑问。"

"有疑问吗？"

"嗯，准确地说应该是种不安吧。"

"什么样的不安呢？"

"喜欢拉面的顾客有很多。也就是说，顾客目标层很广泛。正因为这样，以酱油拉面、酱汤拉面、咸味拉面为首诞生了各种风味的拉面，顾客可以根据自己的喜好来品尝拉面。如果一家店铺能提供各种口味的拉面的话，就是在向喜欢拉面的所有人诉求，也就是市场大。市场大的话，按道理来讲获得的收益也就多。本店原本就是想通过增加酱汤拉面的种类扩大市场来着。

但是，山茶女士提议的招牌只聚焦在'醇香酱汤拉面'上，对于这点……"

"这是为了将店铺的特色商品向外推出，向外界最大限度地宣传店铺的魅力……"

"这一点我当然明白。"

高海正笑着回答山茶堇。

"山茶女士想说的，我都明白、也理解。尽管如此我还是觉得不安。真的这样可以吗？迄今为止本店是以最广泛的人群为目标经营过来的，现在突然要聚焦于其中某一类人群，道理我是明白的，可说实话还是有些不安……"

一个月后，改造招牌的工程完工。

店铺换了山茶堇所设计的招牌。

高海正虽然怀着不安还是选择了"强力推荐特色商品、让店铺选择顾客"这条路。

"北方大草原赤坂店"招牌改造后，顾客数量剧增。

从数字上可以清楚地看出来，与上一年相比营业额提高了120%。

现在这家店铺在拉面食客之间很有名气，杂志的拉面专辑上也有所报道。

A型立式招牌（从侧面看形状像字母A）打出的菜单。左上角是特色商品，这是行人的视线最初会扫过的位置，用竖写是因为竖写比横写更有吸引力。

图 5-1　北方大草原菜单

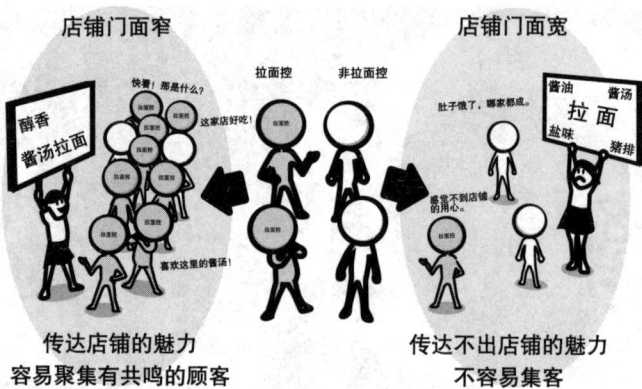

图 5-2　门面宽窄与集客没有关系

第 6 章

只让想来就医的人注意到的牙科医院的秘密是什么?

神奈川县伊势原市　辻村牙科医院

"总经理，那家辻村牙科医院我预约好了。"

说到这里，山茶堇皱着眉，紧紧地闭住了嘴。

小山雅明一看，轻轻一笑。

"山茶，你牙疼吗？"

"没有，总经理。"

山茶堇睁大眼睛回答道。

"说什么？我只是跟辻村牙科医院约好了有点儿高兴，不小心咬了嘴……"

刚一说完，山茶堇又闭上眼睛、皱起了眉头。其实确实如小山所说，山茶堇是牙疼。

昨天晚上开始疼起来，今天早上洗脸的时候嘴里突然有一种剧痛的感觉。虽然吃了止疼片好多了，但嘴里还是很难受，时不时地像针扎似的疼一下。

"你得先看好你的牙，再考虑改造辻村牙科的招牌。"

山茶堇觉得小山还在兴灾乐祸地笑。

以前也是这样，小山总是在看到别人难受的样子时，脸上浮现出满心欢喜的表情。山茶堇心里虽这么想，嘴上当然没有这么说，她眼里含着泪花儿说：

"我今天下午预约了牙医。所以，总经理很抱歉，下午请您给我两个小时左右的时间。"

"今天下午？当然可以。早点儿去受疼吧。"

只想被打算接受牙病预防治疗的患者所注意

"不被行人和一般的牙病患者注意，只被对我们医院的治疗感兴趣、有共鸣的患者注意的招牌。请为我们设计这样的招牌。"

辻村牙科医院院长辻村杰的话让山茶堇一下子愣住了。

"哦……院长您说的是不被行人注意的招牌吗？"

"是的。希望接受一般牙病治疗的患者也包括在内。"

"也就是说……行人和一般患者看不到，只是对辻村牙科感兴趣的人……看得到的招牌，是这个意思吧？"

"是的。我说的就是这个意思。"

辻村杰的脸上露出了温柔的笑容。

小山雅明留给山茶堇的最后一个作业，就是辻村牙科医院的招牌改造。

面谈当天。

山茶堇在小田急线伊势原站下了车。

然后打车约 10 分钟，来到了"辻村牙科"。

医院周围是一片开阔的田野。这里是神奈川县伊势原市的郊外。

面对着公路，有一栋两层的欧式建筑，向里长长地延伸。

建筑的 1 楼是玻璃墙，从外面能够看到里面的样子。

山茶堇从侧面的入口处进去，告诉前台和辻村院长的预约。

过了一会儿，接待带她来到了 2 楼的院长室。

一位年龄大概在 35~40 岁的男性出来迎接山茶堇。

他给人精力充沛的印象，眼里透着知性的光芒。

"你好，我是辻村牙科的院长辻村。"

男性对山茶堇说。

山茶堇也拿出了名片，打了招呼。

坐在椅子上后，辻村院长这样说道。

"我以前参加过小山总经理的讲座，有关集客招牌、集患（者）招牌的想法给我留下了很深的印象。招牌也需要从科学的视角来考虑，很好地诱导行人的心理，那次讲座很有意义。我就想改造招牌的时候一定要拜托小山总经理的公司，所以这次就找你们了。"

"谢谢辻村院长。"

山茶堇回报一边微笑一边谈话的辻村院长一个真诚的笑脸。

"那么，辻村先生这次想做一个什么样的招牌呢?"

"嗯……"

辻村院长说。

"不被行人和一般的牙病患者注意，只被对我们医院的治疗感兴趣、有共鸣的患者所注意的招牌。我想拜托贵公司为我们设计一个这样的招牌。"

对于辻村院长出人意料的回答，山茶堇感到很困惑。

"不是为了增加新患者的招牌吗？"

山茶堇问道。

辻村院长面带微笑地说。

"当然，我们也需要新的患者。可是，我想请贵公司设计的是能被真正想在我们医院治疗的患者和行人注意到的招牌。"

"如果山茶女士了解了我们的诊疗方针，可能就会明白了。"

山茶堇轻轻地点了点头。

"那请院长说给我听听，好吗？"

辻村院长点点头，开始说道。

"首先，辻村牙科不适用于医保范围内的一般牙病治疗，而是以自费的形式预防治疗牙病的医院，请您先了解这一点。

也就是说，我们是自费治疗占很大比例的牙科医院。

不适用医保的自费治疗，对于患者来说经济负担要大于一般的医保诊疗。

我们医院几乎没有止疼、治疗虫牙这种一般诊疗。

不，正确地说，希望接受一般治疗而来的患者，除急诊以外，其他我们是不处理的。当然，我们会清楚地解释我们医院的情况，然后介绍患者去附近的牙科诊所。

对于急诊的患者，我们会马上处理当时的疼痛和红肿，但接下来的治疗是不接受的。我们会跟患者说明我们是以预防牙病为主的医院，'如果您希望接受这样的治疗的话，请您再预约。总之，我们先给您介绍别的牙科诊所'，然后送走患者。

嗯，现在我们是这样一种以预防牙病诊疗为主的经营方式。虽说以前我们也曾经做以医保诊疗为主的一般治疗。"

一边做笔记，山茶堇一边提出问题。

"辻村院长的医院是从什么时候开始转换为以预防诊疗为主的经营方式的呢？"

"从 2004 年吧。"

"这个转换是以什么为契机呢？"

"说起契机呀，那时候医院很忙，忙得就像是个野战医院。无法为每一位患者精心治疗，我心里觉得很对不起患者，但是现实又无可奈何，这种状况使我们医院陷入了进退两难的境地。

那时候还有急诊，节假日也正常上班。

当时那么忙，就是因为什么样的患者我们都接受的原因。

没有办法呀。适用医保治疗，如果患者数不够的话，员工的工资就发不出来，医院也维持不下去。

越是想达到一定的患者数，医院就越忙，这样使得对于患者的处理就越来越疏忽。还不止这些，我们还没有时间去学习新的技术和知识，也开始忘记了当初从医时的抱负。

我越来越觉得不安。

我当初是想通过牙病治疗，尽可能地保护更多患者的牙齿，才选择了这条道路。牙齿是健康的第一步，保护牙齿，就是保护患者的身体。

我想通过保护牙齿来维护更多人的健康。

这是我从医时的抱负。

可是，一旦开业，就有一个现实摆在你的面前，如果不接受更多的患者，医院的经营就无法维持下去。

可接受太多患者的话，就没有时间学习新的治疗方法和技术。

适用医保的治疗，就是拔牙、修牙、补牙之类的一般治疗。

每天要处理十几位患者，所以每位患者的牙齿状态也记不太清楚，只能看病历后才能想起来。当时我们就是这样的一种状态，患者数越多，越是空虚，什么都没有留下。

首先，自己的治疗是否真的有效果不得而知。

为什么呢？因为接受过一次治疗的患者，牙痛止住了就不来了，其实就算是牙再疼了，再次来到医院的患者也很少。

一般来医院治疗了一次，如果再疼起来的话，就不想再去最初的医生那里，而是去别的医生那里，这是人之常情。

所以，我们对于自己的治疗效果完全不能得知，心里有一种不安的感觉。

而且，作为员工在这里工作的牙科护士也有问题。

医院越忙，牙科护士就不得不作医生的助手。但是，牙科护士不是助手，而是一种独立的、高尚的职业。正如字面，应该是守护患者牙齿的卫士。

但是，只要是一般诊疗，他们就必须忍受助手这一职位。

而且其社会地位，还容易被人认为很低。

这是理所当然的，因为他们只被看成是医生的助手。

这对于两者来说都是不幸的。

我认为牙科护士才能真正地保护患者的牙齿。

牙科医生，虽说直接给患者诊疗，但这说到底只是对症治疗。

但是牙科护士却担负着检查患者牙齿的健康情况、预防牙病的任务，这个就是牙病预防诊疗。

由于以上诸多原因，我才把医院转换成了现在的自费预防诊疗。

当然，在转换的时候，我也和员工们探讨了好几次。

真的要停止医保治疗吗？

自费治疗对于患者来说，经济负担是不是过于大了。

可是就这样持续一般治疗的话，并不能保护患者的牙齿健康。

实施牙病预防这种管理型治疗的话，就可以保护每一位患者一生的牙齿健康。

我并不是否定一般的牙科治疗，反而很支持。

适用医保的一般治疗绝对是有必要的。如果没有为我们消除牙痛、适时地为我们治疗牙齿的医生，患者会很痛苦。

可是另一方面，防患于未然，牙病预防的专业医生也同样是必需的。

这两者是方向盘和车轮的关系，少了哪一方都不好办。

用预防治疗管理牙齿的健康，用一般治疗治疗病患的牙齿。

我认为只有两者互补，才可能从根本上保护人们的牙齿。

总之，我们最终统一了员工们的意见，决定将医院改为自费的以牙病预防为主的医院。

这里有一个问题，就是如何通知患者。

告诉他们一直接受的医保治疗要变为自费。

这点是否能让患者理解，我也很担心。总之我们郑重地向患者说明了缘由，最后得到了他们的理解。

比如，医保治疗不能保证对患者的牙齿负责，因此我们不只治疗病患，而是致力于预防牙齿疾病。这样，从长远来说，反而会使您的治疗费降低，如果您只是想接受原来治疗的话，我们帮您介绍其他的牙科诊所……我们毫不隐瞒地向患者解释了这些情况。

结果，当时我们拥有的一百位左右的患者，只有一少部分换到了别的医院。99%的患者，对我们的决定有同感……"

辻村院长喘了口气，微笑了一下。

"我如释重负。这样就可以问心无愧地经营以自费牙病预防为主的牙科医院了。"

山茶堇不住地点头。

"辻村院长所说的，不被行人和一般的牙病患者注意，只被对我们医院的治疗感兴趣、有共鸣的患者所注意的招牌，这点我终于明白了。"

"我知道这是个很难的要求。即便如此，请贵公司一定为我们设计这个招牌。"

"提问！"

小山冲着来向他汇报与"辻村牙科"面谈结果的山茶堇，突然说。

"提问吗?"

山茶董一脸迷惑地重复道。

"日本全国的牙科医院、诊所的数量和日本全国便利店的数量相比,哪个多?"

"与便利店相比,是吗?"

"是的。你认为哪个多?"

"印象中好像是便利店多,但是总经理既然问这个问题,是不是牙科医院、诊所的数量多呢?"

山茶董扑哧一笑说道。

小山歪着头,

"你太不认真啊!这种问题不认真考虑就没意思了。"

小山有点儿遗憾地说。

"不过,回答正确。牙科医院、诊所的数量大约是便利店的 1.6 倍。"

"1.6 倍吗?"

"不信吧!"

"是的。便利店走在街上随处可见,给人感觉数量很多,这很容易理解。但是,平时在街上并不是随处可见的牙科医院,其数量竟然是便利店的 1.6 倍……"

"是呀,问题就在这儿。牙科医院走在街上并不是随处可见,便利店却是随处可见。牙科医院虽说比便利店数量多,但是行人却注意不到它的存在。为什么呢?这是因为医疗法限制了医院、诊所的广告和宣传,招牌也是一样。几年前，只要是诊所的招牌，几乎都只打出了医院名称。这种统一的招牌风景是不会引起人们注意的。

相对而言，便利店呢？

便利店大量使用灯光，招牌也是从很远就能看到。

因此，牙科医院、诊所不被人注意，而数量较少的便利店却引人注目。

医疗法修订后，牙科在某种程度上的广告宣传也被允许了。

这里还有一个令人笑不出来的笑话。

我有一个在同一个地方开牙科医院长达 16 年的院长朋友。在第 16 年医院第一次改造招牌时，住在附近的人有人问道。

"这是新开的牙科医院吗?"

他听了这话很受打击。

听起来不可思议，可却是真的。

在同一个地方开了 16 年的牙科医院，竟然没有人注意到。

同样的事情在日本的其他医院也有发生。

听说也有好不容易才开起来的牙科医院，因为患者数太少而停业的。相对而言，做着保护患者牙齿的工作、年收入达到 300 万日元之多的牙科医生，近几年据说有所增加。"

"一说起牙医，不就是社会地位高、收入高的代名词吗?"

"没错。但是现在有很多牙科医院面临着经营困难的问题。

牙科医院是收益不增加就无法经营的地方。为了增加收益,就有必要增加患者。为此,招牌是最好的媒体。

实际上,在我们做过的案件中,有只是通过改造招牌,患者数就增加了2倍的例子。我们做的集客招牌就是有着这样的力量。"

小山说着重新坐在椅子上。

"那么,跟我说说今天'辻村牙科'的面谈汇报吧。"

山茶堇开始了详细的面谈汇报。

听完山茶堇的汇报,小山雅明的眼睛像孩子似的烁烁发光,说:

"真有意思的案子呀。这是开拓集客招牌,不,集患招牌的全新企划。"

山茶堇想了想,说道:

"确实如总经理所说,很有意思。可是,我想也是个很难的企划。"

"你能做得出来吧?"

"总经理您又说得这么轻松。"

"嗯,这是你必须做的。这个案子里包含了集客招牌的本质。"

"集客招牌的本质吗?"

"集客招牌，就是从心理上诱导行人成为店铺、医院、企业顾客的集客装置。不是吗?"

"是的。总经理一直是这样教育我们的。"

"为了科学地调查、分析行人的心理，将不特定的大多数的人诱导至特定的店铺、医院、企业，这是绝对不能忘记的。"

"'3 阶段几率论'，是吗?"

"这是之后的事情。"

"之后的事情?"

"不明白吗?"

"抱歉，总经理。"

"真拿你没办法。"

小山抿嘴一笑说。

"你之前不是去看牙了吗?"

"是的……去了。"

"你是怎么选择牙科医院的?"

"嗯?"

"我是问你，牙科医院有这么多，你是怎么选择要去哪一家的?"

"哦，因为我牙疼得受不了了。所以，我就近去了一家。"

"那么，你认为只要能消除疼痛，哪家牙科医院都无所谓，是吗?"

"是的。"

"你以前不是去做过牙齿美白吗?"

"是的。去过几次。"

"那是为什么呢?"

"嗯?"

"我问你为什么选择了那家牙科医院,也就是去做牙齿美白为什么选择那家牙科医院?"

"哦。那是我查了很多,最后得知那家牙科医院的评价较高,有最新的美白技术。"

小山轻轻地点点头。

"即便是同一家牙医,患者根据自己的目的对牙医的要求不尽相同。明白吗?"

"是的,我明白。"

"那是为什么呢?"

山茶董稍微考虑了一下回答道。

"因为想要去看牙医的患者,每个人对医院的要求都不相同。"

"不错!"

小山雅明大大地抢了抢左胳膊,伸了伸手。

"'马斯洛的 5 层次需求'理论,你不知道吧?"

"不知道。"

"亚伯拉罕·马斯洛,美国的心理学家。他提出,人在实现自我的过程中有 5 个层次的需求。"

"听起来像是个很有意思的理论。"

"介绍给你这个什么都不知道的人也很够呛呀!"

小山边说边笑,然后拿出在办公室墙上挂着的小黑板,在上面画了一个三角形,然后又用横线将其分成了5等分,画成了一个平面的金字塔。

"这个底边部分是面积最大的部分,这是人的'生理需求',即表示食欲、睡眠、性欲等本能的需求部分。

无论什么人,为了生存最初都处在这个层次。

我也是你也是,最初都是在这个层次。这里是动物为了生存的基本需求,人类也是一样。明白吗?"

山茶堇稍稍考虑了一下点了点头。

"确实如此。"

"接下来,在这个生理需求层次达到满足的时候,人类就会有下一层次的需求。从下往上的第2个位置。"

"嗯。"

"安全需求'。生存的本能达到了满足,动物接下来要追求的就是安全。因为安全,动物才会留下子孙,延续下来,所以动物会为了得到安全而战。这一点,人类也是一样。"

"也是求稳的愿望吧。希望进入大企业或者过稳定的公务员生活。"

"满足了第2个层次的需求后,就会移向第3个层次。用这个图来说,从上往下的第3个位置刚好在金字塔的正中间。这是追求'所属需求'的阶段，人类是靠所属于什么地方来获得安心感的生物。"

"是吗?"

"是的。人是所属于一个什么地方，无意识地需要得到庇护的存在。同时，这也是希望自己是有价值的人，希望自己被人需要、被人爱的一种需求。"

"从本能到安全，这都只是个人的需求，但从第 3 层开始变成了从社会立场出发的需求，是吗?"

"不错，是的，就是这么回事儿。人类首先只意识到自己的事情，随着水平的提升，逐渐才会产生面向他人和社会的视角。

然后，是第 4 层次。"

"是什么需求呢?"

"'承认需求'。追求他人的赞赏、希望受人尊敬或者公司内的晋升、地位的提高等，人的意识会转向这些方面。"

"这是为了满足个人自尊心的需求吧!"

"然后，进入到第 5 层次。"

"金字塔最上面的部分吧。"

"是的。第 5 层次是'自我实现需求'，是想要发挥潜在能力创造人生的需求。在这个层次上胸怀大志和人品是很重要的。

好，现在开始进入正题。"

"嗯哼"一声，小山清了一下嗓子，又开始说道。

"马斯洛说，这 5 个层次的需求总是有几个同时存在于个人之中。

马斯洛的 5 层次需求

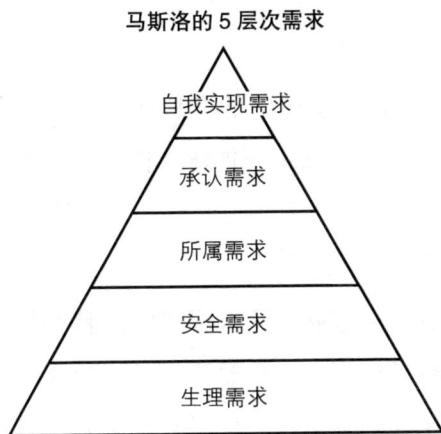

图 6-1　马斯洛"需要层次论"

我们把这个理论放在你去过的牙科医院来看一下。你因为牙疼得厉害而冲进医院，对你来说，只要消除疼痛，哪家医院都可以。你当时是以这样的想法来选择牙科医院的，对吧?"

"是的。"

"也就是说，用马斯洛的理论来看的话，相当于第 1 层次的'生理需求'。当然第 2 层次的'安全需求'也占了一部分，但是整体还是第 1 层次占得比例较多，是从消除疼痛这种原始动物的本能意义上来说。"

"有点意思。"

"与此相对，牙齿美白所去的是不同的医院。美白不是'生理需求'也不是'安全需求'，这是之后的层次，是第4、5层次的需求，能理解吧？"

"嗯，能理解。"

"好。我虽说是拿你去的牙科医院举了个例子，但这在考虑所有业种、业态的店铺集客时，是一个非常重要的提示。"

"请总经理明示。"

"也就是顾客的需求是有层次的。我们应该根据不同的层次来明确店铺理念，根据店铺理念来设计向行人诉求的招牌，这是很有必要的。也是我要说的。

例如，当肚子饿时，吃什么都可以的行人，是马斯洛理论里位于第1层次的人。为了满足这一层次的需求，有必要设计出看起来能够满足其需求的招牌。

把令人垂涎欲滴的、看起来很美味的料理照片放大后打在招牌上，并用广告语很好地表现出实物的物美价廉。嗯，虽说招牌一般都是这样的，但还真是有必要的。

那么，位于第4、5层次的行人是什么样的人呢？"

山茶堇心想。

第4层次是"承认需求"，第5层次是"自我实现需求"。

"将第4层次的'承认需求'用于行人来考虑的话，他们应该是清楚地知道自己想要的东西，并选择有这样的东西的店铺的人。就像我决定牙齿美白医院那样。"

"没错，就是这样。"

小山使劲地点点头。

"所谓'承认需求'，就是希望别人承认自己的价值需求的意思。也就是说，寻找满足自己需求的店铺。

和这个很吻合的就是山口电器(参考前言)。

山口电器倡导'服务无极限'，最希望得到这种服务的是老年人。实质上，山口的顾客里也是高年龄层居多。为什么呢？

这是因为老年人都希望得到有温情的服务。比起事务性的'一锤子买卖'的家电量贩店，山口电器的价格虽说有点儿贵，但有问题的时候能随叫随到。这种提供耐心的售后服务的电器商店能够使老年人产生共鸣，让他们得以满足。

这不正是'承认需求'吗？老年人将自己的购买心理投射在满足自己寻求温情服务的山口电器那里。"

"啊!"

山茶堇恍然大悟。

"这不就是店铺文化吗？"

"不错，你开始明白了。正如你所说。

把店铺文化明确地向外界打出来，就能使行人对店铺的服务和经营理念感兴趣，并由此使行人成为店铺的顾客。如果店铺理念坚定、明确，就有可能在某种程度上自然而然地招揽来选择这一理念的顾客。"

"就是说，集客招牌的最终目标是将抱有第 4 层次需求的行人变为顾客，是吗？"

"为什么这样认为？"

"不是。我所理解的集客招牌的目的是，'用招牌招揽与店铺文化相般配的顾客'。这样一来，用招牌打出店铺文化，不就是集客招牌的最大作用吗？

店铺理念与顾客层之间不协调的话，就很难集客了。"

"是啊。"

"那么，满足第 4 层次的'承认需求'，不就成了集客招牌的最大目标了吗？"

"根据行人的'承认需求'，店铺明确自己的文化构建，这是可行的。但是，在构建了店铺文化之后是什么呢？"

"是什么呢？"

"店铺的品牌化，不是吗？"

"啊！总经理您这么一说，确实是品牌化。"

"店铺品牌化的优点是什么？"

"能够给予顾客信赖感和安心感。"

"品牌信仰？"

"是的。这种心理确实在起着作用，通过品牌客人会认为只要是这家店就肯定没问题，或这家店和自己的价值观相同等。"

"从顾客的角度来看，这不正是满足第 5 层次的'自我实现'需求吗?"

"总经理的想法很有意思,让我大开了眼界。"

"也就是说,为了打造旺铺,有必要看透行人和顾客的心理及需求并且有必要知道自己的店铺有着什么样的经营理念,为了诱导和这一理念相符的行人,应该怎么做?"

"还是总经理高明。这对我来说是个崭新的想法。"

小山很开心地笑了。

"对吧。我也经常考虑来着。"

"当然,这一点我没有怀疑过。

"'辻村牙科医院'的案子,不就是马斯洛理论的第5层次的'自我实现需求'吗?"

"啊……原来如此。品牌化对吧!"

小山将"马斯洛理论"应用于行人的心理,并结合店铺运营、集客招牌的基本原则考虑。其想法的新奇性,让山茶堇大开了眼界。

"这次企划关键在于,用招牌将'进行牙病预防治疗的辻村牙科'这一品牌表现出来。"

"不是品牌化的招牌,而是表现品牌的招牌,是吗?"

"没错。为了让不特定的多数行人和患者注意到,普通的招牌使用显眼的颜色或是人物形象来传达医院的魅力,让人们从很远的地方就能看到,店铺一般都会这样做吧?"

"确实是这样。"

"就是这样，为了让不特定的多数行人注意到，以此来做出诱导行人去医院的动线。"

山茶堇点了点头。

"但是，辻村牙科已经完成了品牌化，他们有稳定的医院理念。他们所要求的'不被行人和一般牙病患者注意的招牌'，反过来说不就是'即使被患者注意到，对他们来说也是没有意义的招牌'吗？"

"啊，是这样啊！"

"这样的话，其设计理念就是高贵感，对吧！"

"总经理，您真厉害！"

"那当然。"

小山雅明粗粗地喘了口气，挺起了胸膛。

看着山茶堇打开的设计企划，辻村院长微微一笑。

"这次企划将之前辻村院长所说的'不被行人和一般牙病患者注意，只被对我们医院的治疗感兴趣、有共鸣的患者所注意的招牌'这一点，以'即便希望医保诊疗的患者看到，对他们来说也是没有意义的招牌'这样一种感觉设计的。

直接了当地说，就是高贵感。

无论谁看了这个招牌都会觉得有一种高贵感。也就是说，看到招牌的人会认为这不是一家以消除牙痛等医保诊疗为主的牙科医院，我们将这种高贵感用招牌表现了出来。"

辻村院长重重地点了点头。

"具体来说，在医院的停车场入口处立一块用金属银做成的竿式招牌，另外在楼房侧面的草丛处也放置上用同样材料做成的招牌。

招牌上使用刻字，将医院名称和标志突显出来。

这个刻字的部分使用金黄色，营造出高贵感和厚重感。

行人看了后，会有一种这是一家高级牙科医院的印象，想来辻村医院的人也会一眼就注意到医院的存在。

另外，招牌本身不仅营造出一种高贵感，所使用的颜色和设计还会营造出一种安心感和信赖感。这样一来，即使是自费诊疗，也会给人一种物有所值的印象。"（参照P20彩页）

辻村院长看了一会儿设计企划，对山茶堇说道：

"很不错！就按照这个企划来做。不愧是小山总经理的团队！我出的难题被你们巧妙地解决了，十分感谢。"

现在"辻村牙科医院"采用了"身体健康从牙齿开始"这种全套健康诊疗。不仅是当地居民，也有从很远的鸟取县和岛根县定期来接受牙病预防治疗的患者。最近，还有从法国、比利时专程过来的患者。

这是接受了自费牙病预防诊疗患者的口头互传，以及网上好评蔓延至国外的结果。

如果借用辻村院长当初的话来说，

"新的招牌真的是很有效果。希望接受医保诊疗的患者在招牌改造之后大大地减少了。相反，看到招牌对我们医院感兴趣的患者却增加了。"

就是这样的一种变化。

"辻村牙科医院"在 2010 年收入达到了 2 亿 4 千万日元，其中九成是自费诊疗所得的收入。

▼标志

独立的招牌设计▶

图 6-1　"辻村牙科医院"的招牌设计

后　记

　　成功打造了 6 家旺铺的山茶堇最终能成为招牌设计师吗?

　　樱花的花瓣儿在风中飘舞,给道路上点缀上了浅桃色的酒窝。

　　山茶堇小心翼翼地避开脚下的花瓣,爬上了山坡。

　　"干得不错!"

　　小山雅明刚把任命书交给了山茶堇。

　　"谢谢总经理!"

　　春意盎然的午后,总经理办公室。

　　从窗外照射进来的阳光温柔地微笑着。

　　"我遵守约定。将你从招牌设计员晋升为招牌设计师。"

　　小山说着,从桌子的抽屉里拿出了一张 A4 大小的委任状。

看了一眼委任状，小山继续对山茶堇说道。

"但是并不是白白给你升职，还要有最终测试。如果合格了就马上提拔你。"

山茶堇有点儿困惑。

"最终测试吗?"

"我现在提问，你来回答。"

"好的。"

"你如果很好地理解了集客招牌为何物的话，应该会不费劲儿就能回答上来。好吗?"

"好的，明白。"

"好。那么第1个问题。打造旺铺的基本原则是什么?简单地回答!"

山茶堇微微一笑。

"旺铺的基本原则与如何增加忠实的顾客相关。换句话说，就是要大量地增加店铺粉丝的意思。"

"店铺为什么需要粉丝呢?"

"粉丝，是一种以口头互传的形式自发地宣传店铺的存在。如果没有这些粉丝的话，店铺是成不了旺铺的。"

"有的店铺虽说招揽了顾客却绝对成为不了旺铺，你认为这是为什么?"

"我想这是集客质量的问题。比如，限时促销和打折促销这样的活动，虽然一时招揽了顾客，但我认为那只是因为促销服务而促成的集客，不是成为店铺粉丝而促成的集客。当然，打折促销本身因店铺理念的不同而不尽相同。

一般营业的店铺为了招揽顾客而进行打折促销，会有冲着促销而来的顾客，但促销期间一结束，这些顾客也会同时离去。这不能说是真正的旺铺。

为了让一天当中招揽的顾客成为忠实顾客，就会产生店铺必须一直持续打折这样的矛盾。"

"嗯。那么，真正的旺铺是什么?"

"集中很多对于店铺的理念及服务有共鸣的顾客的店铺。"

"也就是说?"

"也就是说，我认为是确立了店铺文化的店铺。"

"用一句话说就是'店铺文化'!"

"挑选顾客的品牌策略。"

"什么意思?"

"顾客挑选店铺，这实际上是一种错觉，实际上，店铺有必要挑选对于店铺理念、氛围以及服务能够认同的顾客。以前总经理也告诉过我，'谁都去的店铺就是谁都会离开的店铺'，我想这句话表明了这个意思。

为了只让自己希望的顾客光临店里，店主的想法、员工的想法、顾客的想法，再加上行人从外部看到店铺时的感受，这4者必须很好地统一起来。我想正是因为这样，店铺才能够挑选顾客。"

小山雅明抿嘴一笑。

"那么下一个问题。"

"好的。"

"集客招牌对于挑选顾客的品牌策略起到了什么样的作用?"

"嗯……"

山茶董稍微考虑了一下。

"为了使顾客成为粉丝、成为忠实顾客,必须有顾客光临店铺,这是最低条件。

也就是集客。

集客招牌,用一句话来说,就是使行人成为顾客的装置。这个集客装置必须面向行人,能够准确地将店铺的理念和策略、经营理念和前景等传达出来的装置。

为了准确地传达这些信息,科学的验证和理论上富有逻辑性的集客假说是不可或缺的。为此,我想有一个进阶理论项目,即'3阶段几率论'。

问题是当店铺文化没有明确构建起来的时候店铺应该怎样做。

这样的店铺,为了能够永久集客,我想应该从集客招牌这一立场为他们提议店铺理念。为什么呢?所谓的旺铺,不是一次性的而是永久性的,这样我想店铺经营才会稳定下来。

集客招牌从将行人变为顾客这一观点出发,帮助店铺打造永久的旺铺。再或者说，我认为集客招牌有为店铺带来店铺文化的作用。"

听完了山茶堇的回答，小山重重地点了点头。

然后，他抿嘴一笑。

"祝贺你！你从今天开始就是招牌设计师了。"

说着，他将委任状递到了山茶堇手中。

"谢谢总经理！"

山茶堇低下头接过了委任状。

"嗯?"

"怎么了?"

"嗯，任命为招牌设计师……这句话前面，用红字大大地写着'见习'两个字……"

"是的。"

小山一脸漠然地说。

"还是见习期。把我交给你的作业全部完成了，再把这两个字去掉。"

"总经理您的意思是?"

"再给我负责6件新的企划！如果你能做出顾客满意的集客招牌的企划，就算完成作业了。"

说着，小山将一份很厚的文件交到了山茶堇的手中。

春意盎然。

山茶堇一边不停地小声说着"骗人骗人骗人"，一边朝小山命令她做新企划的店铺出发。

"服务的细节"系列

《卖得好的陈列》：日本"卖场设计第一人"永岛幸夫
定价：26.00 元

《为何顾客会在店里生气》：家电卖场销售人员必读
定价：26.00 元

《完全餐饮店》：一本旨在长期适用的餐饮店经营实务书
定价：32.00 元

《完全商品陈列 115 例》：畅销的陈列就是将消费心理可视化
定价：30.00 元

《让顾客爱上店铺 1——东急手创馆》：零售业的非一般热销秘诀
定价：29.00 元

《如何让顾客的不满产生利润》：重印 25 次之多的服务学经典著作
定价：29.00 元

《新川服务圣经——餐饮店员工必学的 52 条待客之道》：日本"服务之神"新川义弘亲授服务论
定价：23.00 元

《让顾客爱上店铺 2——三宅一生》：日本最著名奢侈品品牌、时尚设计与商业活动完美平衡的典范
定价：28.00 元

《摸过顾客的脚才能卖对鞋》：你所不知道的服务技巧，鞋子卖场销售的第一本书

定价：22.00 元

《繁荣店的问卷调查术》：成就服务业旺铺的问卷调查术

定价：26.00 元

《菜鸟餐饮店 30 天繁荣记》：帮助无数经营不善的店铺起死回生的日本餐饮第一顾问

定价：28.00 元

《最勾引顾客的招牌》：成功的招牌是最好的营销，好招牌分分钟替你召顾客！

定价：36.00 元

《会切西红柿，就能做餐饮》：没有比餐饮更好做的卖卖！饭店经营的"用户体验学"。

定价：24.00 元

《制造型零售业——7-ELEVEn 的服务升级》：看日本人如何将美国人经营破产的便利店打造为全球连锁便利店 NO.1！

定价：38.00 元

《店铺防盗》：7 大步骤消灭外盗，
11 种方法杜绝内盗，最强大店铺防
盗书！
定价：28.00 元

更多本系列精品图书，敬请期待！

图书在版编目（CIP）数据

敢挑选顾客的店铺才能赚钱／（日）小山雅明 著；童蕾 译. —北京：东方出版社，2014.1
（服务的细节；17）
ISBN 978-7-5060-7213-7

Ⅰ.①敢… Ⅱ.①小… ②童… Ⅲ.①零售商店—商业经营 Ⅳ.①F713.32

中国版本图书馆 CIP 数据核字（2014）第 019050 号

本书中文简体字版权由北京汉和文化传播有限公司代理
中文简体字版专有权属东方出版社
著作权合同登记号 图字：01-2013-1114 号

服务的细节 017：敢挑选顾客的店铺才能赚钱
（FUWU DE XIJIE 017：GAN TIAOXUAN GUKE DE DIANPU CAINENG ZHUANQIAN）

作　　者：[日] 小山雅明
译　　者：童　蕾
责任编辑：吴　婕　徐　莹
出　　版：东方出版社
发　　行：人民东方出版传媒有限公司
地　　址：北京市东城区朝阳门内大街 166 号
邮　　编：100010
印　　刷：北京文昌阁彩色印刷有限责任公司
版　　次：2014 年 3 月第 1 版
印　　次：2025 年 3 月第 4 次印刷
开　　本：880 毫米×1230 毫米　1/32
印　　张：7
字　　数：146 千字
书　　号：ISBN 978-7-5060-7213-7
定　　价：32.00 元
发行电话：(010) 85924663　85924644　85924641